Richard Senti
Prof. Dr. oec., Eidg. Technische Hochschule Zürich

Welthandelsorganisation (WTO)

DIKE

Abbildung Umschlagseite: «Universum in der Nussschale»

Mit freundlicher Genehmigung von
Hans C. F. Schmidt Studio, Hamburg, www.hans-schmidt-studio.de
Vergolderei Beuster, Hamburg, www.vergolderei-beuster.de

Bibliografische Information der ‹Deutschen Bibliothek›.
Die Deutsche Bibliothek verzeichnet diese Publikation in der Deutschen Nationalbibliografie; detaillierte bibliografische Daten sind im Internet über ‹http://dnb.d-nb.de› abrufbar.

ISBN 978-3-03751-162-6

www.dike.ch

Vorwort

Am 23. Juli 2008 ist Kap Verde als 153. Mitglied der Welthandelsorganisation (WTO) beigetreten. Die WTO umfasst heute alle Industriestaaten und den grössten Teil der Entwicklungsländer mit einem Welthandelsanteil von rund 90 Prozent. Beitrittsverhandlungen laufen zurzeit mit Russland.

Die WTO-Mitglieder sind gegenseitig die Verpflichtung eingegangen, sich nicht zu diskriminieren, die Zölle abzubauen und die übrigen Handelshemmnisse zu beseitigen. Handelsstreitigkeiten sind der WTO-Schiedsstelle vorzutragen, deren Entscheide für die Streitparteien verbindlich sind.

Das Ziel der vorliegenden Veröffentlichung ist, kurz auf das Entstehen der heute geltenden Welthandelsordnung zurückzublenden, das Allgemeine Zoll- und Handelsabkommen (GATT) und die WTO als Institutionen vorzustellen, das System und die Funktionsweise des WTO-Vertragswerks und der Streitschlichtung zu erklären sowie einzelne Sonderregelungen im Agrar-, Gesundheits-, Antidumping- und Subventionswesen zu diskutieren.

Die einzelnen Abschnitte der Arbeit können im Sinne eines kleinen Nachschlagewerks auch unabhängig voneinander gelesen werden: Eine Einführung für Studierende, ein Hilfsmittel für Lehrerinnen und Lehrer sowie eine Information für Leute der Wirtschaft, Politik und Verwaltung.

Im März 2009 Richard Senti

Inhaltsverzeichnis

Abkürzungen

AB	Appellate Body
AKP	Afrikanisch-Karibisch-Pazifisch
ASEAN	Assocation of South East Asian Nations
BBl	Bundesblatt (Schweiz)
BGBl.	Bundesgesetzblatt (Deutschland)
BISD	Basic Instruments and Selected Documents (GATT)
CCC	Customs Co-operation Council
DSB	Dispute Settlement Body
DSU	Dispute Settlement Understanding
ECE	Economic Commission for Europe
ECOSOC	Economic and Social Council
EPA	Economic Partnership Agreement
EU	Europäische Union
EWG	Europaische Wirtschaftsgemeinschaft
FAO	Food and Agriculture Organization of the United Nations
GATS	General Agreement on Trade in Services
GATT	General Agreement on Tariffs and Trade
GSP	Generalized System of Preferences
IBRD	International Bank for Reconstruction and Development
IEC	International Electrotechnical Organization
IMF	International Monetary Fund
ISO	International Standardization Organization
IST	Intertek Testing Services
ITA	Information Technology Agreement
ITC	International Trade Center
ITO	International Trade Organization
LDC	Least Developed Country
MAI	Multilateral Agreement on Investment
MFA	Multifaserabkommen
mfn	most favored nation clause (Meistbegünstigungsklausel)
NAFTA	North American Free Trade Agreement

NAMA	Non-Agricultural Market Access
NGO	Non-Governmental Organization
OECD	Organization for Economic Co-operation and Development
OTC	Organization for Trade Co-operation
SDR	Special Drawing Right, 1 SDR ≈ 1.49 US$ bzw. 1.15 € (Dezember 2008)
SGS	Société Générale de Surveillance
SPS	Sanitary and Phytosanitary
SR	Systematische Sammlung des schweizerischen Bundesrechts
SSM	Agricultural Special Safeguard Mechanism for Developing Countries
SZR	Sonderziehungsrecht, 1 SZR ≈ 1.49 US$ bzw. 1.15 € (Dezember 2008)
TBT	Technical Barriers to Trade
TPRB	Trade Policy Review Body
TRIMS	Agreement on Trade-Related Investment Measures
TRIPS	Trade-Related Aspects of Intellectual Property Rights
UNCTAD	United Nations Conference on Trade and Development
UNO	United Nations Organization
USDA	United States Department of Agriculture
WIPO	World Intellectual Property Organization
WTO	World Trade Organization

1. Teil: Das Entstehen der heute geltenden Welthandelsordnung

Die heute geltende Welthandelsordnung beruht auf internationalen Verträgen, die zu Beginn der 1990er Jahre im Rahmen der so genannten Uruguay-Runde ausgehandelt und inzwischen von 153 Staaten und autonomen Zollgebieten unterzeichnet worden sind. Den institutionellen Rahmen dieser Abkommen bildet die Welthandelsorganisation (World Trade Organization, WTO). Der erste Teil der vorliegenden Veröffentlichung blickt kurz auf das Entstehen der Welthandelsorganisation zurück. Die geschichtliche Einführung erfolgt in der Absicht, einzelne Besonderheiten der WTO zu erklären, die ohne geschichtlichen Hintergrund kaum zu verstehen sind.

§ 1 Die Anfänge der Neuordnung

Nach dem Zweiten Weltkrieg ergriffen die USA die Initiative zur Neugestaltung der Welthandelsordnung. Zwei Ziele standen für die Vereinigten Staaten im Vordergrund: Zum einen ging es ihnen darum, im Kampf gegen das Dritte Reich und den erstarkenden Kommunismus in den zentral geplanten Staaten Osteuropas der demokratischen Staatsform und der liberalen Wirtschaftsordnung zum Durchbruch zu verhelfen. Die neue Welthandelsordnung sollte zum Garanten offener Auslandmärkte und marktwirtschaftlicher Strukturen in den Handelspartnerländern werden und damit einen Beitrag zur Verwirklichung der US-Freiheitsvorstellung leisten. Zum anderen war die US-Regierung bestrebt, nach dem Ende des Kriegs die so genannte Kriegswirtschaft wieder in eine Friedenswirtschaft umzubauen und die aus dem Krieg nach den Vereinigten Staaten heimkehrenden Wehrleute in das private Erwerbsleben einzugliedern. Zur Verwirklichung dieses zweiten

Ziels waren die USA auf offene Absatzmärkte im Ausland angewiesen. Die Vorstellung von der neu zu schaffenden Welthandelsordnung war daher inhaltlich auch eine bewusste Neubelebung und Weiterführung des New Deal der Dreissigerjahre und des damals in Kraft gesetzten Handelsgesetzes.

Das Handelsgesetz von 1934 entstand während der US-Präsidentschaft *Franklin D. Roosevelts* unter Staatssekretär *Cordell Hull*. In Erinnerung an den Urheber des Gesetzes spricht die Wirtschaftsgeschichte vom so genannten «Cordell Hull Program». Im Hinblick auf den Inhalt des Rechtserlasses ist auch die Rede vom «Reciprocal Trade Agreements Act». Das Hull Programm gewährt jenen Handelspartnern Zollvorteile, die bereit sind, entsprechende Gegenleistungen anzubieten. Das Gesetz 1934 ist eine Reaktion auf das Zollgesetz, das 1930 unter US-Präsident *Herbert Hoover* in Kraft trat. *Herbert Hoover* verfolgte mit seinem Handelsgesetz, die eigene Wirtschaft über zusätzliche Importzölle zu schützen und die Nachfrage nach Konsum- und Investitionsgütern ausländischer Herkunft auf das Inlandangebot umzulenken. Das Anheben der durchschnittlichen US-Importzölle (gewichtet) von 26 auf gut 50 Prozent hatte indessen einerseits eine Inlandteuerung und andererseits einen starken Rückgang der US-Exporte zur Folge. Die ausländischen Handelspartner, insbesondere die europäischen, reagierten auf die protektionistisch hohen US-Zölle mit entsprechenden Gegenmassnahmen. Die Folge dieses Zollkriegs war ein Rückgang des zu dieser Zeit ohnehin bereits schwachen Welthandels um weitere 30 Prozent.

Die Regierung Roosevelts verfolgte mit dem Handelsgesetz von 1934 drei Ziele: Abbau der Zölle, Nichtdiskriminierung zwischen den vertraglich vereinbarten Handelspartnern und Reziprozität in den gegenseitigen Aussenhandels-Zugeständnissen. Im Cordell Hull-Programm sah die US-Regierung eine Möglichkeit, gegen die Wirtschaftskrise der Dreissigerjahre anzukämpfen. Nach dem Krieg bildeten diese Eckwerte die Grundlagen der von den USA vorgeschlagenen Welthandelsordnung. Auf den Prinzipien des

Cordell Hull-Programms beruhen die vorerst im Allgemeinen Zoll- und Handelsabkommen (General Agreement on Tariffs and Trade, GATT) festgelegten und schliesslich vom GATT in die Verträge der Welthandelsorganisation übernommenen Grundsätze. Es folgt eine kurze Darstellung der damals eingeführten Handelsprinzipien:

- Abbau der Zölle (Prinzip der Handelsliberalisierung): Das Handelsgesetz verfolgte das Ziel, über den Abbau der Zölle und anderen Handelshemmnisse die den USA verloren gegangenen Exportmöglichkeiten zurück zu gewinnen und neue Absatzwege zu erschliessen. Zur Erreichung dieses Vorhabens ermächtigte das Gesetz beziehungsweise der Kongress den Präsidenten, Verträge mit ausländischen Handelspartnern über Zollreduktionen bis zu 50 Prozent auszuhandeln und abzuschliessen. Diese Kompetenz war zeitlich begrenzt, wurde aber vom Kongress in Abständen von ein bis vier Jahren insgesamt elfmal verlängert und lief im Jahr 1967 aus. Die damalige Kompetenzübertragung vom Kongress zum Präsidenten entspricht bis zu einem gewissen Grad dem heutigen «Fast track», seit einigen Jahren auch «Trade promotion authority» genannt. Im Gegensatz zur Ermächtigung des Präsidenten aufgrund des Handelsgesetzes von 1934 behält sich heute der Kongress vor, nach Abschluss der Verhandlungen über das Vereinbarungsergebnis «to vote up or down».
- Nichtdiskriminierung zwischen den Vertragsparteien (Prinzip der Meistbegünstigung, auch «Most favored nation clause» oder mfn-Prinzip genannt): Das Handelsgesetz von 1934 verlangte Handelsverhandlungen nach dem Prinzip der Meistbegünstigung. Das mfn-Prinzip besagt, dass die Vorteile, Vergünstigungen, Vorrechte und Befreiungen aller Art, welche die USA oder ein Vertragspartner der USA einem anderen Partner gewährt, unverzüglich und bedingungslos für gleiche oder gleichartige Produkte allen anderen Partnern, zwischen denen ein Vertragsverhältnis mit den USA besteht, auch zu gewähren

sind. Die Verpflichtung zur Einhaltung des Meistbegünstigungsprinzips hat dazu geführt, dass stets mit den «most important suppliers» verhandelt und eine derart spezifische Produktdifferenzierung vorgenommen wurde, dass die gemachten Zugeständnisse zu Gunsten Dritter nicht zu sehr ins Gewicht fielen.

- Verhandlungen nach dem Prinzip der Reziprozität: Ein drittes Element des US-Handelsgesetzes von 1934 ist das Reziprozitätsprinzip. Diese Ausrichtung hat dem Handelsgesetz 1934, wie bereits erwähnt, auch die Bezeichnung «Reciprocal Trade Agreements Act» eingebracht. Gemäss Reziprozitätsprinzip gewährten die USA einem Handelspartner nur Zugeständnisse im Ausmass von entsprechenden Gegenleistungen. Die Rechtfertigung von reziproken Verhandlungen sehen deren Verfechter in der Erhaltung der Arbeitsplätze im eigenen Markt, in der Verbesserung der Handelsbilanz, in günstigen Terms of Trade (günstigen Austauschverhältnissen) usw. Die Juristen sprechen in diesem Zusammenhang vom Grundsatz des «do ut des» oder «tit for tat». In einem gewissen Sinne handelt es sich beim Reziprozitätsprinzip um einen merkantilistischen Erbgutverbrauch, indem Exporte als etwas Gutes und Vorteilhaftes und Importe als etwas Schlechtes und Nachteiliges beurteilt werden. Wer an die Innovations- und Wachstumskraft des freien Handels und des Wettbewerbs glaubt, sollte jedoch seine Zugeständnisse nicht von Gegenleistungen abhängig machen. *Cordell Hull* fühlte sich bei der Ausarbeitung dieses Handelsgesetzes zwar dem freien Handel verpflichtet, war sich aber als Politiker bewusst, dass er ein Handelsgesetz ohne Reziprozitätsklausel im Kongress nicht «durchbringen» würde.

§ 2 Das Scheitern des ersten Reformvorschlags

Im Herbst 1945 veröffentlichte das Staatsdepartement der USA einen ersten Vorschlag zur Neuordnung und Reorganisation des Welthandels («Proposals for Expansion of World Trade and Employment»). Im Februar 1946 nahm der Wirtschafts- und Sozialrat der UNO (Economic and Social Council, ECOSOC) diesen Vorschlag auf und beschloss die Durchführung einer Konferenz für Handel und Beschäftigung. Mit dieser Konferenz verfolgte der ECOSOC die Absicht, in Ergänzung zu den Bretton Woods Institutionen, das heisst dem Internationalen Währungsfonds (International Monetary Fund, IMF) und der Weltbank (International Bank for Reconstruction and Development, IBRD) eine Internationale Organisation für Handel und Beschäftigung zu schaffen. Die erste Vorkonferenz fand im Oktober des gleichen Jahres in London statt. Folgende Länder nahmen an der Konferenz teil: Australien, Belgien, Brasilien, Chile, China, Frankreich, Grossbritannien, Indien, Kanada, Kuba, Libanon, Luxemburg, Neuseeland, die Niederlande, Norwegen, die Südafrikanische Union, die Tschechoslowakei und die USA. Die Sowjetunion (UdSSR) war zur Konferenz eingeladen, entschuldigte sich aber mit der Begründung, die Vorbereitungszeit sei für sie zu knapp bemessen gewesen. Es ist anzunehmen, dass die UdSSR damals an einer Welthandelsordnung wenig Interesse hatte, teils weil ihr Welthandelsanteil nach dem Krieg mit 1 bis 2 Prozent des Welthandels bescheiden war, teils weil ein offener Markt nur schwer mit dem System einer zentral geplanten Wirtschaft in Übereinstimmung zu bringen gewesen wäre. Als Unterlage diente der London-Konferenz der Charta-Entwurf zur Schaffung einer Internationalen Handelsorganisation («Suggested Charter for an International Trade Organization»). Die Konferenzunterlagen entsprachen inhaltlich weitgehend den im Vorjahr ausgearbeiteten «US-Proposals». Eine zweite Vorkonferenz fand im Frühjahr 1947 in Genf statt.

Vom November 1947 bis März 1948 tagte die UNO-Konferenz für Handel und Beschäftigung in Havanna. Ihr erklärtes Ziel war die Ausarbeitung einer Charta internationaler Handelsregeln und die Gründung einer Internationalen Handelsorganisation (International Trade Organization, ITO). Zur Diskussion standen die Zielsetzung der zu schaffenden Organisation, die Beschäftigung («fair labor standards»), die wirtschaftliche Entwicklung und der Wiederaufbau der vom Krieg zerstörten Länder, die internationale Handelspolitik (dieser Teil entsprach weitgehend den Bestimmungen des am 1.1.1948 provisorisch in Kraft getretenen GATT), die internationalen Wettbewerbsfragen, die zwischenstaatlichen Rohproduktabkommen und die Schaffung einer Internationalen Organisation, einer Institution zur Verwirklichung und Durchsetzung der beschlossenen Charta. Die Verhandlungen konnten im Verlauf des März 1948 abgeschlossen werden. Am 24. März 1948 unterzeichneten insgesamt 54 Staaten die Charta. Die Unterzeichnung erfolgte im Sinne einer Authentisierung, das heisst im Sinne der Öffnung des Vertrags zur Ratifizierung.

Die Havanna-Charta, die weitgehend auf die Initiative der Vereinten Staaten zurückging, kam schliesslich wieder durch die USA zu Fall. Nach Abschluss der Verhandlungen lehnte die Mehrheit der Politiker wie der Vertreter der Wirtschaft die Inkraftsetzung der Charta und damit die Gründung einer Internationalen Handelsorganisation ab: Die Verfechter eines offenen Welthandels, weil ihnen die Charta zu viele Einschränkungen enthielt, die Protektionisten, weil ihnen die neue Welthandelsordnung zu liberal war. Wie sich US-Präsident *Harry S. Truman* im Jahr 1950 dieser Situation gegenüber sah, verzichtete er darauf, die Charta dem Kongress vorzulegen. Damit war das Schicksal der geplanten Internationalen Handelsorganisation besiegelt. Die Nichtratifizierung der Charta durch die USA hatte zur Folge, dass auch alle anderen Handelspartner auf eine Ratifizierung der Charta und damit auf die Gründung der Internationalen Handelsorganisation verzichteten.

Warum waren die Havanna-Verhandlungen letztlich erfolglos? Warum gelang es der US-Regierung nicht, ihr Cordell Hull-Progamm von der nationalen auf die internationale Ebene anzuheben? Mehrere Gründe mögen dafür verantwortlich sein: Erstens zahlte sich die Zusammenarbeit mit Grossbritannien nicht aus. Der von der US-Delegation als ihr eigener Vorschlag unterbreitete Entwurf enthielt mehrere von den Briten eingebrachte Ausnahmen, für welche die Vereinigten Staaten in den späteren Verhandlungen nicht mehr einzutreten bereit waren. Es handelte sich vor allem um die einschränkenden Handelsmassnahmen aus zahlungsbilanzpolitischen Gründen. Zudem waren die Briten nicht bereit, in einer Welthandelsordnung auf ihre Commonwealth-Präferenzen zu verzichten (die sie einige wenige Jahre später doch aufzugeben hatten). Schliesslich stellten sich in den USA auch die Landwirtschaftsverbände und das Transportgewerbe einer Öffnung und Liberalisierung des US-Marktes entgegen und verlangten zusätzliche Schutzmassnahmen für ihre Wirtschaftsbereiche.

Alle diese Gründe mögen dazu beigetragen haben, dass die anfängliche Begeisterung der US-Amerikaner allmählich in Skepsis und schliesslich in unverhohlen gezeigte Verärgerung und Ablehnung umschlug. Der US-Delegierte *Clair Wilcox* warnte die Verhandlungspartner wiederholt, es gehe nicht an, dass sie sich immer weitere Ausnahmemöglichkeiten vorbehielten, und gleichzeitig von den USA erwarteten, sich dem Prinzip des Freihandels und der Marktöffnung zu verpflichten. Derartige Misstöne stellten die Verhandlungen in Havanna wiederholt in Frage. Die Vermutung liegt nahe, dass letztlich die Unterschrift der USA im März 1948 unter die ITO-Statuten unter dem inneren Vorbehalt erfolgte, der US-Kongress werde das letzte Wort zu sprechen haben.

§ 3 Das GATT als Provisorium

Die Teilnehmerstaaten der Londoner Vorkonferenz beschlossen im Herbst 1946, die von den USA angebotenen Zollreduktionen so schnell als möglich in die Tat umzusetzen. Die damit verbundene Zollordnung sollte vorerst in einem Vertrag festgehalten werden, der – dies war die erklärte Absicht – später als Teil IV in die geplante ITO eingefügt werden sollte. Das zeitliche Vorziehen der Zollregelung hatte vor allem zwei Gründe: Zum einen bestand in der Nachkriegszeit allseits der Wunsch, die hohen Zollschranken so schnell als möglich abzubauen und nicht die Realisierung der ITO abzuwarten. Dies umso mehr, als schon die Vorverhandlungen ahnen liessen, dass sich das Vorhaben der Schaffung einer ITO als sehr zeitaufwändig erweisen könnte. Zum anderen lief die der US-Regierung vom Kongress gewährte Zollsenkungs-Ermächtigung auf Ende Juni 1948 aus, und man nicht das Risiko eingehen wollte, auf eine Erneuerung der «authority» durch den Kongress warten zu müssen. Die rechtliche Form eines Vertrags wurde jener einer Organisation vorgezogen, weil die US-Regierung gemäss Handelsgesetz Verträge eigenständig abschliessen konnte. Der Beitritt zu einer Organisation lag im Kompetenzbereich des Kongresses. Bei der Formulierung des Allgemeinen Zoll- und Handelsabkommens wurde daher darauf geachtet, nur jene Teile der Havanna Charta zu übernehmen, die einem Handelsvertrag entsprachen. Trotzdem bildet die in Havanna ausgearbeitete Charta – wie die folgenden Ausführungen zeigen – die Grundlage der künftigen Welthandelsordnung.

Der erste Vertragsentwurf des GATT geht auf das Frühjahr 1947 zurück, gefolgt von gegenseitigen Zollverhandlungen, die Ende August 1947 zum Abschluss kamen. Die Konferenzteilnehmer tauschten gegenseitig Zollausnahmelisten aus und warteten gleichzeitig mit Konzessionen auf, um auf reziproker Basis über Zollzugeständnisse zu feilschen. Die damaligen Verhandlungen erfolgten produktweise und auf bilateraler Basis (nach dem Prinzip des «most important supplier»). Obwohl sich diese Verhandlungsweise als eher mühselig erwies, war sie letztlich doch erfolgreich, weil die USA auf Absatzmärkte und die europäischen Staaten auf Investitionsgüter und Dollars angewiesen waren. Dazu kam, dass viele Länder wegen ihrer Zahlungsbilanzschwierigkeiten ihre bisherigen Importrestriktionen beibehalten durften und die vertraglich eingegangenen Zollzugeständnisse erst zu einem späteren Zeitpunkt einzulösen verpflichtet waren. Die über 100 Verhandlungsergebnisse bildeten schliesslich einen festen Bestandteil des Allgemeinen Zoll- und Handelsabkommens, das am 30. Oktober 1947 von 23 Staaten angenommen (authentisiert) und in der Folge den beteiligten Staaten als «Protocol of Provisional Application» zur Unterzeichnung vorgelegt wurde. Die 23 Signatarstaaten des GATT von 1947 waren: Australien, Belgien, Brasilien, Burma, Ceylon, Chile, China, Frankreich, Grossbritannien, Indien, Kanada, Kuba, Libanon, Luxemburg, Neuseeland, Niederlande, Norwegen, Pakistan, Rhodesien, Südafrikanische Union, Syrien, Tschechoslowakei und Vereinigte Staaten von Amerika.

Das Allgemeine Zoll- und Handelsabkommen trat aufgrund des Protokolls vom 30. Oktober 1947 und der bereits erfolgten Unterzeichnungen am 1. Januar 1948 für die acht Staaten Australien, Belgien, Frankreich, Grossbritannien, Kanada, Luxemburg, Niederlande und die USA in Kraft. Die Tschechoslowakei unterzeichnete das Abkommen im März 1948 und die restlichen Unterzeichnerstaaten des Protokolls – Chile ausgenommen – in der Zeitspanne zwischen März und Ende Juni des gleichen Jahres. Die Unterschrift Chiles folgte im Februar 1949. Das ursprüngliche GATT bestand somit ab 1. Januar 1948 aus acht, ab März 1948 aus neun, ab 30. Juni 1948 aus 22 und ab Februar 1949 aus sämtlichen 23 Staaten, die das «Protocol of Provisional Application» unterzeichnet hatten.

Der Form des Vertragsprovisoriums lag die Absicht zugrunde, zu einem späteren Zeitpunkt diesen Handelsvertrag mit der im Entstehen begriffenen Internationalen Handelsorganisation zusammenzufügen. Der 2. Teil des GATT war somit so etwas wie ein Parallelvertrag zur Havanna-Charta, genauer, des handelspolitischen Teils IV der Charta, der in der Form des GATT vorzeitig in Kraft trat und später wieder in die Charta re-integriert werden sollte. Die Teile I und III des GATT (die Grundprinzipien und Administration des Vertrags) hätten beim Inkrafttreten der Charta wie ein vertraglicher Rahmen der Charta weiterhin Bestand gehabt. Art. XXIX GATT über die Beziehungen des GATT zur Havanna-Charta hielt fest, dass der handelspolitische Teil des GATT (Teil II) mit Inkrafttreten der Havanna-Charta ausser Kraft trete. Sollte die Charta bis Ende September 1949 nicht Rechtskraft erlangen, hätten die Vertragsparteien des GATT darüber zu befinden, ob das GATT geändert, ergänzt oder unverändert beibehalten werden solle. Bei einem Ausserkrafttreten der Charta zu einem späteren Zeitpunkt hätte das GATT, falls nicht ein anderer Entscheid getroffen werde, automatisch wieder Rechtkraft.

Als die ITO anfangs der fünfziger Jahre nicht zu Stande kam, planten die Vertragsparteien in der so genannten «Review Session 1954/55» das GATT über die Schaffung einer «Organisation für die Zusammenarbeit auf dem Gebiet des Handels» (Organization for Trade Co-operation, OTC) in eine völkerrechtlich eigenständige Organisation einzubetten. Das Projekt scheiterte am Widerstand der USA. Damit verblieb das GATT in seiner provisorischen Rechtsform bis zum Inkrafttreten der Welthandelsorganisation am 1. Januar 1995.

§ 4 Die WTO als Nachfolgeorganisation des GATT

Die weitere Ausgestaltung und Fortentwicklung der geltenden Welthandelsordnung erfolgte in erster Linie in den so genannten Handelsrunden.

In der Zeit des GATT von 1948 bis 1995 haben insgesamt acht Handelsrunden stattgefunden. Die zurzeit andauernde Doha-Runde ist die erste WTO-Runde. Anfänglich wurden die Handelsverhandlungen nach dem Initianten genannt (Dillon- und Kennedy-Runde), heute nach dem Eröffnungsort der Verhandlungen (Tokio-, Uruguay- und Doha-Runde). Die ersten fünf Runden befassten sich vornehmlich mit dem Abbau der Zölle und der Aufnahme neuer Vertragspartner. Gegenstand der sechsten Runde (Kenndey-Runde) waren nebst dem Zollabbau die Fragen des Dumping und der Antidumpingabgaben. Im Mittelpunkt der siebten Runde (Tokio-Runde) standen die Zollpraferenzen zu Gunsten der wirtschaftlich schwachen Staaten sowie mehrere Zusatzabkommen über die technischen Handelshemmnisse, die Subventionen usw. In dieser Runde einigten sich die Vertragsparteien auch auf separate Abkommen über den Handel mit Milcherzeugnissen, Fleisch und Getreide, die jedoch später wieder ausser Kraft gesetzt wurden. Eine formale und inhaltliche Neuausrichtung brachte die achte GATT-Runde (Uruguay-Runde). Anstelle des provisorischen GATT-Vertrags trat die Welthandelsorganisation als internationale Organisation mit eigenständiger Rechtspersönlichkeit. Inhaltlich kam es zur Ausweitung der bisherigen Güter-Handelsordnung auf den grenzüberschreitenden Dienstleistungshandel und die handelsrelevanten geistigen Eigentumsrechte. Die erste WTO-Runde (Doha-Runde) ist zurzeit im Gang (Stand Frühjahr 2009).

Es folgt eine zusammenfassende Übersicht über die einzelnen Verhandlungsrunden.

Übersicht 1: Die Verhandlungsrunden im Rahmen des GATT und der WTO

Erste GATT-Runde: Genf 1947

Verhandlungen zwischen den 23 Gründerstaaten des GATT. Abschluss von 20 Zolltariflisten (Benelux und Libanon/Syrien mit je 1 Liste). Reduktion des Zollniveaus um durchschnittlich 20%. Verhandlungen auf bilateraler Basis. Inkrafttreten des GATT (als Provisorium) am 1. Januar 1948 für acht Vertragspartnerstaaten. Unterzeichnung durch übrige 15 Staaten im Verlauf des Jahres 1948.

Zweite GATT-Runde: Annecy 1949

Zusätzlicher Zollabbau. Vertragsunterzeichnung durch weitere zehn Staaten: Dänemark, Dominikanische Republik, Finnland, Griechenland, Haiti, Italien, Liberia, Nicaragua, Schweden und Uruguay.

Dritte GATT-Runde: Torquay 1950/51

Verteidigung der Commonwealth-Präferenzen durch die Briten mit dem Ergebnis, dass auch die übrigen Vertragspartner mit Zugeständnissen zurückhielten. Aufnahme neuer Vertragspartner: Bundesrepublik Deutschland, Österreich, Peru, Philippinen, Südkorea und Türkei.

Vierte GATT-Runde: Genf 1955/56

Im Anschluss an die «Review Session 1954/55», in welcher der Versuch scheiterte, den GATT-Vetrag in die Organisation für die Zusammenarbeit auf dem Gebiet des Handels umzuwandeln. Bescheidene Fortschritte bei der Handelsliberalisierung. Unterzeichnung des GATT-Abkommens durch Japan.

Fünfte GATT-Runde: Genf 1961/62 (Dillon-Runde)

Zollverhandlungen mit der neu gegründeten Europäischen Wirtschaftsgemeinschaft (EWG). Bescheidene Verhandlungsergebnisse. Neue Signatarstaaten: Israel, Kambodscha und Portugal.

Sechste GATT-Runde: Genf 1964–67 (Kennedy-Runde)

Reaktion der USA auf die europäischen Integrationsbestrebungen. Erfolgreicher Zollabbau auf Handelsgütern der Industrie. Beschluss über Zusatzabkommen über chemische Erzeugnisse. Verhandlungen über Getreideabkommen und Antidumpingkodex. Multilaterale statt bilaterale Verhandlungsweise. Volle Vertragspartnerschaft Schweiz 1.4.1966 (Provisorium seit 1958).

Siebte GATT-Runde: Genf 1973–79 (Tokio-Runde)

Weitere Reduktion der Zölle. Abschluss von internationalen Zusatzabkommen über Subventionen, Zollwert, öffentliche Beschaffung, technische Handelshemmnisse, Importlizenzen, Milcherzeugnisse, Rindfleisch (die letzten beiden Abkommen auf Ende 1997 wegen Wirkungslosigkeit ausser Kraft gesetzt) und Agrarfragen. Alle Zusatzabkommen haben fakultativen Charakter (in der GATT-Sprache handelt es sich um «plurilaterale» Abkommen). Annahme der Ermächtigungsklausel zur Gewährung von Zollpräferenzen zu Gunsten der Entwicklungsländer (zeitlich nicht befristete Ausnahmen von der Meistbegünstigung).

Achte GATT-Runde: Genf 1986–93 (Uruguay-Runde)

Ausweitung der Welthandelsordnung vom Güterhandel (GATT) auf die grenzüberschreitenden Dienstleistungen (General Agreement on Trade in Services, GATS) und die handelsrelevanten Aspekte der geistigen Eigentumsrechte (Trade-Related Aspects of Intellectual Property Rights, TRIPS). Überarbeitung der bisherigen und Beschliessung der neuen Zusatzabkommen: Abkommen über Agrarhandel, Textilhandel (im Jahr 2004 ausgelaufen), sanitarische und phytosanitarische Massnahmen, technische Handelshemmnisse, handelsrelevante Investitionsmassnahmen, Antidumping, Zollwerterfassung, Versandkontrolle, Ursprungsregeln, Importlizenzen, Subventionen und Schutzklauseln (allgemeinverbindliche Zusatzabkommen) sowie der Abkommen über zivile Luftfahrzeuge und öffentliche Beschaffung (fakultative Zusatzabkommen). Institutionelle Verfestigung der Welthandelsordnung durch Schaffung der Welthandelsorganisation (World Trade Organization, WTO) als Dachorganisation des GATT, GATS und TRIPS sowie der Zusatzabkommen.

Abschluss der Uruguay-Runde am 15. Dezember 1993 in Genf, Unterzeichnung der Verträge am 15. April 1994 in Marrakesch (Marokko) und Inkrafttreten der WTO am 1. Januar 1995 (Anwendung des TRIPS ab 1.1 1996).

Die so genannte Uruguay-Runde stand allen Vertragsparteien des GATT, den Vertragsparteien mit provisorischer GATT-Partnerschaft sowie den Handelspartnern, die bis zum 30. April 1987 ihre Absicht bekundeten, die GATT-Partnerschaft zu erwerben, offen. Die Volksrepublik China nahm an den Verhandlungen teil. Der Antrag der Sowjetunion vom 12. April 1986, in der bevorstehenden Welthandelsrunde Einsitz zu nehmen, wurde abgelehnt.

Erste WTO-Runde: Genf 2001–... (Doha-Runde)

Scheitern des Plans einer «Millenniumsrunde» in der dritten WTO-Ministerkonferenz in Seattle im Dezember 1999. Uneinigkeit zwischen Industriestaaten und Entwicklungsländern in den Bereichen Agrarhandel und «Singapore Issues» (Fragen des Wettbewerbs, der Investitionen, der Transparenz im öffentlichen Beschaffungswesen und der Erleichterungen bei der Grenzabfertigung). Opposition von Seiten der Nichtregierungsorganisationen (NGOs).

Beschluss in der vierten WTO-Ministerkonferenz in Doha (Katar) im Dezember 2001, eine neue Handelsrunde durchzuführen (Doha-Runde). Verhandlungsschwerpunkte: Zollabbau, Agrarhandel, Revision des GATS und TRIPS sowie Behandlung der «Singapore Issues». Neue WTO-Mitglieder: Volksrepublik China und Taiwan.

Stockende Verhandlungen in 2002 und 2003. Abbruch der WTO-Ministerkonferenz in Cancún (Mexiko) im Herbst 2003. Wiederaufnahme der Verhandlungen im Juli 2004 im Hinblick auf Hongkong-Konferenz im Dezember 2005. Unterbruch der Agrargespräche im Spätherbst 2006. Erneute Verhandlungsbereitschaft ab Februar 2007. Unüberbrückbare Differenzen in den Verhandlungen in Genf im Juli 2008: Zurückhaltung der Industriestaaten beim Abbau des Agrarschutzes und der Entwicklungsländer bei der Reduktion ihrer Industriegüterzölle. Forderung der Dritten Welt nach zusätzlichen Schutzmassnahmen im Agrarbereich («Agricultural Special Safeguard Mechanism for Developing Countries», SSM). Ausgang der Verhandlungen ungewiss (Stand Frühjahr 2009).

§ 5 Der Geltungsbereich der WTO

Das seinerzeitige GATT war ein Fragment der nicht zustande gekommenen ITO, ein provisorischer Vertrag, beschränkt auf den internationalen Handel mit Gütern. Im Verlauf der Jahrzehnte reicherte sich das GATT in vielen Bereichen mit ergänzenden Regelungen und Zusatzabkommen an, ohne völkerrechtlich eine endgültige Form zu finden. Der qualitative Sprung gelang der Welthandelsordnung in der siebten und achten Handelsrunde. Diesen Verhandlungen war der Erfolg beschieden, in den Liberalisierungsbestrebungen neben den Zöllen vermehrt auch die nichttarifären Handelshemmnisse einzubeziehen, den Geltungsbereich über den Güterhandel auf den grenzüberschreitenden Dienstleistungsverkehr und die handelsrelevanten geistigen Eigentumsrechte auszuweiten sowie das GATT-Vertragsprovisorium in eine internationale Welthandelsorganisation mit eigener Rechtspersönlichkeit umzugestalten.

Die folgende Übersicht zeigt die Bereiche, die heute im Vertragswerk der Welthandelsorganisation in der einen oder anderen Form geregelt sind oder im Hinblick auf eine Regelung zurzeit zur Diskussion stehen. Die Gliederung der einzelnen Rechtsakte entspricht jener der WTO. Nicht aufgeführt sind in Übersicht 2 das multilaterale Textilabkommen, das am 1. Januar 2005 ausgelaufen ist, sowie die beiden plurilateralen Abkommen über den Handel mit Milcherzeugnissen und Rindfleisch, die auf den 31. Dezember 1997 aufgehoben wurden.

Übersicht 2: Die in der Uruguay-Runde vereinbarten und heute geltenden Vertragstexte

Schlussakte über die Ergebnisse der multilateralen Handelsverhandlungen

Vereinbarung über die Errichtung der Welthandelsorganisation (WTO)

Anhang 1

Anhang 1 A: Multilaterales Abkommen über den Handel mit Waren. Allgemeines Zoll- und Handelsabkommen (GATT).

Vereinbarungen zur Auslegung der Art. II:1(b) (Zolllisten und Zollzugeständnisse), Art. XVII (staatliche Handelsunternehmen), Art. XXIV (regionale Handelsabkommen) und Art. XXVIII (Änderung der Zolllisten).

Zusatzabkommen: Agrarhandel, Sanitarische und phytosanitarische Massnahmen, Technische Handelshemmnisse, Handelsrelevante Investitionsmassnahmen, Antidumpingmassnahmen, Zollwertermittlung, Versandkontrolle, Ursprungsregeln, Einfuhrlizenzverfahren, Subventionen und Ausgleichsmassnahmen sowie Schutzmassnahmen.

Anhang 1 B: Allgemeines Abkommen über den Dienstleistungshandel (GATS).

Anhang 1 C: Abkommen über handelsrelevante Aspekte der Rechte des geistigen Eigentums (TRIPS).

Anhang 2

Vereinbarung über Regeln und Verfahren zur Beilegung von Streitigkeiten.

Anhang 3

Mechanismus zur Überprüfung der Handelspolitik.

Anhang 4

Plurilaterale Abkommen über den Handel mit zivilen Luftfahrzeugen und über das öffentliche Beschaffungswesen.

Quelle: *Hummer/Weiss* (deutsche Fassung); *WTO,* The Legal Texts (englische Fassung).

2. Teil: Die WTO als Institution

Die Welthandelsorganisation bildet den institutionellen Rahmen der heute geltenden Welthandelsordnung. Die WTO ist eine internationale Organisation mit eigenständiger Rechtspersönlichkeit, ein Forum für Handelsverhandlungen zwischen den WTO-Mitgliedern, eine Streitschlichtungsstelle bei internationalen Handelszwisten, ein Vermittler gegenseitiger Informationen und ein Ort der Zusammenarbeit zwischen den Handelspartnern, den Regierungen sowie den Regierungs- und Nichtregierungsorganisationen. Integrale Bestandteile der WTO sind, wie die Übersichten 2 und 7 verdeutlichen, erstens die drei Hauptverträge, das Allgemeine Zoll- und Handelsabkommen (GATT), das Allgemeine Abkommen über den Handel mit Dienstleistungen (GATS) und das Abkommen über handelsrelevante Aspekte der geistigen Eigentumsrechte (TRIPS). Den Hauptverträgen zugeordnet sind die multilateralen Zusatzabkommen, wobei «multilateral» in der WTO-Sprache auf die Allgemeinverbindlichkeit dieser Zusatzabkommen hinweist. Die WTO-Mitgliedschaft setzt die Unterzeichnung dieser Abkommen voraus. In der früheren Fachliteratur werden die Zusatzabkommen oft auch «Kodizes» genannt. Unter die Zusatzabkommen fallen das Agrarabkommen, das Abkommen über sanitarische und phytosanitarische Massnahmen, das Abkommen über technische Handelshemmnisse usw. Weitere wichtige Bestandteile der WTO sind die beiden Vereinbarungen über die Regeln und die Verfahren zur Beilegung von internationalen Handelsstreitigkeiten und die Überprüfung der Handelspolitik. Unter die WTO-Handelsordnung fallen schliesslich auch die beiden plurilateralen Abkommen über den Handel mit zivilen Luftfahrzeugen und das öffentliche Beschaffungswesen. Im Gegensatz zu «multilateral» bedeutet «plurilateral» in der WTO-Sprache «freiwillig» oder «fakultativ». Die WTO-Mitgliedschaft setzt die Teilnahme an diesen beiden Abkommen nicht voraus.

Die folgenden Abschnitte treten auf die Mitgliedschaft der WTO ein, gefolgt von der Darstellung der einzelnen Organe und der Entscheidungs- und Streitschlichtungsverfahren der WTO.

§ 1 Die Mitgliedschaft der WTO

Beim Inkrafttreten des Allgemeinen Zoll- und Handelsabkommens am 1. Januar 1948 zählte das Abkommen 8 Vertragspartner. Im Verlauf des ersten Jahres unterzeichneten die restlichen 15 Staaten, die im Herbst 1947 das «Protcol of Provisional Application» angenommen hatten, das GATT. Im Verlauf der folgenden Jahrzehnte stieg die Anzahl der GATT-Partnerschaften stark an. Zu Beginn der Uruguay-Runde im Jahr 1987 bestand das GATT aus insgesamt 94 Vollpartnern, einem so genannten provisorischen Partner (Tunesien) und 30 Regierungen, die eine Partnerschaft beantragt hatten.

Beim Übergang vom ursprünglichen GATT (GATT 47) zur Nachfolgeorganisation WTO haben die bisherigen GATT-Vertragspartner die Mitgliedschaft der WTO übernommen. 111 der 125 Verhandlungspartner der Uruguay-Runde unterzeichneten die WTO-Verträge am 15. April 1994 in Marrakesch (Marokko). Die restlichen Vertragspartner, denen die Unterzeichnung aus innerstaatlichen Prozederegründen nicht möglich war, reichten ihre Unterzeichnung in den folgenden Monaten nach. Handelspartner, die den Schlussbericht der Uruguay-Runde zu unterzeichnen gewillt, aber noch nicht Vertragspartner des GATT 47 waren, hatten vor der Unterzeichnung der Schlussakte Verhandlungen über die GATT-Vertragspartnerschaft zu führen. Für diese Beitrittskandidaten war die Uruguay-Schlussakte in der damaligen Form nicht definitiv. Je nach Stand der Beitrittsverhandlungen galt es, sie zu vervollständigen.

Die Vertragsparteien des GATT 47, welche die Schlussakte der Uruguay-Runde und die darin aufgeführten internationalen Handelsverträge unterzeichnet haben, werden als die Gründer-Mitglieder der WTO bezeichnet.

Heute (Frühjahr 2009) zählt die WTO 153 Mitglieder, 37 Industriestaaten und 116 Entwicklungsländer, darunter rund 30 der 50 Länder, die von der UNO als wirtschaftlich ganz arme Länder (Least Developed Countries, LDCs) definiert werden. Etwa 30 Regierungen haben gegenwärtig Beobachterstatus. Die Unterscheidung zwischen Industrie- und Entwicklungsländern sowie die Einteilung der Entwicklungsländer in wirtschaftlich stärkere und schwächere beziehungsweise «ganz schwache» Handelspartner ist indessen stets mit einem gewissen Vorbehalt vorzunehmen. Ausgetreten aus dem GATT sind seinerzeit die Volksrepublik China (1950), Libanon (1951), Liberia (1950) und Syrien (1951). Die Volksrepublik China hatte seit 1984 Beobachterstatus und erlangte im Dezember 2001 – zusammen mit Taiwan – die Mitgliedschaft der WTO. Beitrittsverhandlungen laufen gegenwärtig mit Russland.

Übersicht 3: Die Vertragspartner des GATT bzw. der WTO

	Total		Industrieländer		Wirtschaftlich schwache Staaten	
	1948	2009	1948	2009	1948	2009
Europa*)	8	31	8	31	–	–
Nordamerika	2	2	2	2	–	–
Lateinamerika	2	28	–	–	2	28
Afrika	2	54	1	1	1	53
Asien	7	34	–	1	7	33
Ozeanien	2	4	2	2	–	2
Total	23	153	13	37	10	116

*) Inklusiv der osteuropäischen und baltischen Staaten

Wie sich die Partner des GATT beziehungsweise der WTO nach geographischer Zugehörigkeit und Entwicklungsstufe verteilen, zeigt Übersicht 3.

Die zahlenmässige Zunahme der europäischen Staaten geht auf den Beitritt Liechtensteins, Polens, Rumäniens, Tschechiens, Sloweniens, Ungarns und der Länder Ex-Jugoslawiens zurück. Die ehemalige UdSSR und deren Nachfolgestaaten sind der WTO nicht beigetreten. Die Gründe des seinerzeitigen Abseitsstehens waren, wie bereits erwähnt, der relativ unbedeutende Aussenhandel der UdSSR und die Unvereinbarkeit der Planwirtschaft mit dem System eines möglichst marktwirtschaftlichen Aussenhandelssystems. Die wachsende Anzahl der Entwicklungsländer ist in vielen Fällen die Folge der in der zweiten Hälfte des letzten Jahrhunderts erlangten staatspolitischen Unabhängigkeit. Auf die Handelspartner der WTO entfallen zurzeit schätzungsweise gegen 90 Prozent des grenzüberschreitenden Handels mit Waren und Dienstleistungen.

Gemäss Art. XII WTO-Vereinbarung steht jedem souveränen Staat und jedem fest umschriebenen und autonomen Zollgebiet das Recht zu, der WTO einen Antrag auf Mitgliedschaft zu stellen und der WTO unter Bedingungen beizutreten, «die zwischen ihm und der WTO vereinbart werden». «Autonome Zollgebiete» sind beispielsweise Hongkong, Macau und Taiwan. In der Eröffnungs-Phase reicht der Beitrittskandidat ein Memorandum über alle jene Bereiche der Handels- und Wirtschaftspolitik ein, die das WTO-Vertragswerk betreffen. Dieser Bericht bildet die Basis erster Verhandlungen in einer eigens dafür geschaffenen Arbeitsgruppe. Es ist durchaus gängig, dass in dieser Phase vom Antragsteller zusätzliche Unterlagen gefordert werden, zum Beispiel über das Ausmass des Staatshandels, die gewährten Agrarsubventionen, die Besonderheiten des grenzüberschreitenden Dienstleistungshandels, die geltenden handelsrelevanten Eigentumsrechte usw. In einer zweiten Phase folgen bilaterale Verhandlungen zwischen dem Antragsteller und den WTO-Mitgliedern. In der dritten Phase werden die Ergebnisse der bisherigen Verhandlungen in einem Schlussbericht zusammengefasst. Aufgrund dieses Berichts, ergänzt durch die Zolllisten und die Dienstleistungszugeständnisse, erstellt die WTO-Arbeitsgruppe das Beitrittsprotokoll zu Händen des Allgemeinen WTO-Rats. Der Allgemeine Rat ist das Organ, das letztlich über die Gewährung der Mitgliedschaft entscheidet. Die Annahme des Beitrittantrags erfordert das Zweidrittelmehr sämtlicher WTO-Mitglieder. Ein WTO-Mitglied, das dem Beitritt eines Handelspartners nicht zustimmt, geht gegenüber dem Neumitglied keine Verpflichtung ein. Die Verhandlungen dauern je nach Handelspartner und Komplexität der Handelsbeziehungen unterschiedlich lang. Die Aufnahmeverhandlungen mit Kirgisistan dauerten drei Jahre (1995–1998), jene mit der Volksrepublik China 15 Jahre (1986–2001). Gemäss geltendem WTO-Recht hat jedes Mitglied jederzeit die Möglichkeit, die WTO-Mitgliedschaft aufzugeben und aus der WTO auszutreten. Der Austritt ist sechs Monate nach schriftlicher Kündigung möglich.

Handelspartner, welche die Absicht hegen, WTO-Mitglied zu werden, können vorgängig um den Beobachterstatus nachsuchen, um mit den Gepflogenheiten der WTO näher vertraut zu werden. Es wird erwartet, dass die Partner mit Beobachterstatus im Verlauf von fünf Jahren die WTO-Mitgliedschaft beantragen.

§ 2 Die Organe der WTO

Die WTO hat die organisatorische Grundstruktur des GATT 47 übernommen und diese im Hinblick auf das GATS und das TRIPS erweitert und ergänzt.

Übersicht 4: Organigramm der WTO

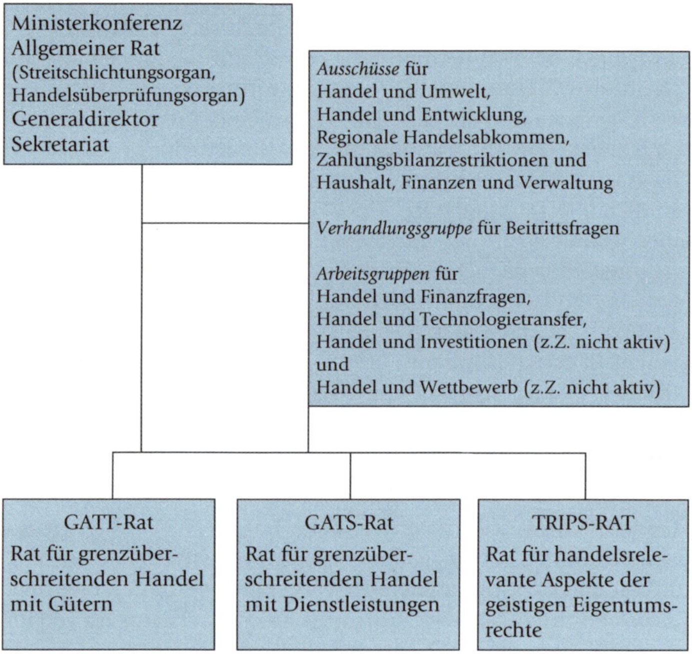

Die Ministerkonferenz (Ministerial Conference): Das höchste Organ der WTO, die Ministerkonferenz, setzt sich aus den Vertretern der WTO-Mitglieder auf Ministerebene zusammen und trifft sich in der Regel mindestens einmal alle zwei Jahre. Der Konferenz kommt die oberste Verantwortung für das Funktionieren der WTO zu. Die bisherigen sechs WTO-Ministerkonferenzen fanden in Singapur (1996), Genf (1998), Seattle (1999), Doha (2001), Cancún (2003) und Hongkong (2005) statt. Wann die Minister das nächste Mal zusammentreten, ist zurzeit nicht festgelegt. Die für das Jahr 2007 vorgesehene Konferenz, die in die Verhandlungen der Doha-Runde gefallen wäre, hat nicht stattgefunden.

Der Allgemeine Rat (General Council): Die Erledigung der zwischen den regulären Sessionen der Ministerkonferenz anfallenden Arbeiten obliegt dem Allgemeinen Rat. Er setzt sich aus den Delegierten der einzelnen WTO-Mitglieder zusammen und steht allen Vertragspartnern offen. Der Allgemeine Rat trifft sich einmal monatlich, ausgenommen in der Sommerpause. Behandelt der Allgemeine Rat Streitschlichtungsfragen (Einsetzung eines Panel, Verabschiedung von Panelberichten oder Rekursentscheiden), tagt er unter der Bezeichnung «Streitschlichtungsorgan» (Dispute Settlement Body, DSB). Geht es um die Überprüfung der Handelspolitik und Handelspraktiken der WTO-Mitglieder, amtet der Allgemeine Rat unter der Bezeichnung «Handelsüberprüfungsorgan» (Trade Policy Review Body, TPRB).

Der Generaldirektor (General Director): Der Generaldirektor (bis 1965 «Geschäftsführender Sekretär der Vertragsparteien»* genannt) führt die Beschlüsse der Ministerkonferenz und des Allgemeinen Rats aus und ist gleichzeitig Vorsitzender des Sekretariats. Er hat periodisch über die Geschäftstätigkeit der WTO Bericht zu erstatten und die Rechnungsvorlage zuhanden des Ausschusses für Budget-, Finanz- und Verwaltungsfragen auszuarbeiten. Seine Wahl erfolgt durch den Ministerrat. Die bisherigen Geschäftsführenden Sekretäre und Generaldirektoren waren: *Eric Wyndham-White* (1948–1968), *Oliver Long* (1968–1980), *Arthur Dunkel* (1980–1993), *Peter Denis Sutherland* (1993–1995), *Renato Ruggiero* (1995–1999), *Mike Moore* (1999–2002) und *Supachai Panitchpakdi* (2002–2005). Seit 2005 hat *Pascal Lamy* dieses Amt inne.

---

* Die Bezeichnung «VERTRAGSPARTEIEN» (in Grossbuchstaben) stand im GATT 47 für die jährliche Vollversammlung der Vertragspartner, d.h. für das kollektive Entscheidungsorgan des GATT. Im Jahr 1960 setzten die VERTRAGSPARTEIEN den GATT-Rat ein, dem die Aufgabe zufiel, sich der laufenden Arbeiten zwischen den regulären Sessionen der VERTRAGSPARTEIEN anzunehmen. In der WTO trat anstelle der VERTRAGSPARTEIEN die Ministerkonferenz und anstelle des früheren GATT-Rats der Allgemeine Rat.

Das Sekretariat (Secretariat): Die Hauptaufgaben des Sekretariats sind die Vorbereitung und Durchführung von Verhandlungen zwischen den WTO-Mitgliedern, die Beratung der Handelspartner, die Analyse, Darstellung und Veröffentlichung der Welthandelsentwicklung sowie die Organisation der Streitschlichtungsverfahren. Diesen Aufgaben entsprechend ist das Sekretariat in verschiedene Abteilungen (Divisions) aufgeteilt, wie zum Beispiel in jene für Beitrittsfragen, für Agrarhandel und Entwicklung. Das Sekretariat beschäftigt zurzeit rund 700 Mitarbeiterinnen und Mitarbeiter (im Vergleich zum Internationalen Währungsfonds mit etwa 2700 Personen). Der Sitz des WTO-Sekretariats befindet sich in Genf. Für das Jahr 2008 verfügte die WTO über ein Budget von rund 184.9 Mio. CHF (180.5 Mio. CHF für das WTO-Sekretariat und 4.4 Mio. CHF für die Rekursinstanz der Streitschlichtungsstelle). Das WTO-Budget wird in Schweizer Franken ausgewiesen. Die Mitgliederbeiträge richten sich nach dem Welthandelsanteil in Gütern und Dienstleistungen der letzten fünf Jahre, für die entsprechende Daten verfügbar sind. Die USA zahlten beispielsweise für das Jahr 2008 insgesamt 25.1 Mio. CHF (14.1% der Gesamtrechnung), Deutschland 15.8 Mio. CHF (8.9%), China 9.5 Mio. CHF (5.3%), Frankreich 8.7 Mio. CHF (4.9%), die Schweiz 2.5 Mio. CHF (1.4%), Brasilien 1.6 Mio. CHF (0.9%) und Indien 1.3 Mio. CHF (0.7%). Die EU-Mitglieder sind als Einzelmitglieder beitragspflichtig.

Die Ausschüsse (Committees), Verhandlungsgruppen (Working parties) und Arbeitsgruppen (Working groups): Der Ministerkonferenz beziehungsweise dem Allgemeinen Rat unterstehen folgende Ausschüsse, Verhandlungsgruppen und Arbeitsgruppen: Die Ausschüsse für Handel und Umwelt, für Handel und Entwicklung, für regionale Handelsabkommen, für Zahlungsbilanzrestriktionen und für Haushalt, Finanzen und Verwaltung. Die Verhandlungsgruppe für Beitrittsfragen ist, wie der Name sagt, für die Beurteilung von Mitgliedschaftsanträgen und Beitrittsverhandlungen verantwortlich. Die Arbeitsgruppen befassen sich mit

Handel, Finanzfragen und Technologietransfer. Die Arbeitsgruppen für Handel und Investitionen sowie Handel und Wettbewerbspolitik sind zurzeit nicht aktiv. Die Organisation und Regelung der Arbeitsweise der Ausschüsse und der Verhandlungs- und Arbeitsgruppen ist Sache des Allgemeinen Rats.

Der GATT-Rat (Council for Trade in Goods), der GATS-Rat (Council for Trade in Services) und der TRIPS-Rat (Council for Trade-Related Aspects of Intellectual Property Rights): Den GATT-, GATS- und TRIPS-Räten obliegt «unter der Leitung des Allgemeinen Rats» die Bearbeitung von Sachfragen in den Bereichen des Güter- und Dienstleistungshandels sowie der handelsrelevanten Aspekte der geistigen Eigentumsrechte. Gleichzeitig sind die drei Räte für die Überwachung der ihnen nachgelagerten Gremien, das heisst der Ausschüsse und Arbeitsorgane (Committees, Working parties und Working groups) verantwortlich. Die Einsitznahme in die Räte und Ausschüsse steht jedem WTO-Mitglied offen. Die Ratsmitglieder geben sich ihre Geschäftsordnungen selber. Auch steht ihnen frei, zusätzliche Gremien mit speziellen Aufgaben zu betrauen. Kommt es innerhalb der drei Räte zu einer Abstimmung, gelten nach WTO-Vereinbarung die gleichen Stimmenverhältnisse wie im Allgemeinen Rat. In der Praxis haben die Räte bisher auf Abstimmungen verzichtet und nach dem Prinzip des Konsens entschieden.

§ 3 Das Beschlussfassungsverfahren

Art. IX der WTO-Vereinbarung hält fest, dass die WTO «die nach dem GATT 1947 übliche Praxis der Beschlussfassung im Konsensweg» fortsetzt. Von «Konsens» spricht die WTO, wenn gegen einen von einem Organ vorgeschlagenen Beschluss «kein bei der beschlussfassenden Tagung anwesendes Mitglied formell Einspruch erhebt». Kann ein Beschluss nicht mit Konsens gefasst werden, ist gemäss WTO-Vereinbarung darüber abzustimmen. Bei

Abstimmungen werden die Beschlüsse mit der Mehrheit der abgegebenen Stimmen getroffen, «sofern im vorliegenden Abkommen oder in einschlägigen Multilateralen Handelsabkommen nichts anderes vorgesehen ist». Dies trifft zum Beispiel zu, wenn der Allgemeine Rat in seiner Funktion als Streitschlichtungsorgan zusammentritt. Im Streitschlichtungsverfahren erfolgen die Abstimmungen gemäss der «Vereinbarung über Regeln und Verfahren zur Streitbeilegung» (vgl. § 4, S. 29 ff.). In der bisherigen GATT- beziehungsweise WTO-Praxis haben sich die WTO-Mitglieder jedoch stets des Konsens-Verfahrens bedient und auf Abstimmungen verzichtet. Konnte kein Konsens erzielt werden, wurde die Beschlussfassung fallen gelassen. Es folgt eine kurze Zusammenfassung des Beschlussfassungsverfahrens, das vertraglich eingehalten werden müsste, wenn man keinen Konsens fände und nicht bereit wäre, das Verfahren abzubrechen.

Jedes WTO-Mitglied hat *eine* Stimme, unabhängig seines Welthandelsanteils, seiner Bevölkerungsgrösse oder eines anderen Faktors. Der Europäischen Union als eigenständigem Mitglied stünden so viele Stimmen zu, als ihr WTO-Mitglieder angehören, das heisst zurzeit 27 Stimmen. Die Beschlussfassung im Abstimmungsverfahren würde – wenn nichts anderes vorgegeben ist – mit einfachem Mehr der abgegebenen Stimmen erfolgen. Unterschiedliche Abstimmungsvorschriften gälten in fünf Bereichen:

- bei der Aufnahme von neuen WTO-Mitgliedern,
- bei der Interpretation des Vertragsinhalts,
- bei der Aussetzung von Vertragspflichten (Gewährung von Ausnahmen bzw. «waivers»),
- bei den Vertragsänderungen und deren Akzeptanz und
- bei der Änderung der Vertragskernbereiche Meistbegünstigung und Inländerprinzip sowie des Beschlussfassungsverfahrens.

Wie bereits ausgeführt wurde, hat jeder Staat und jedes autonome Zollgebiet das Recht, die WTO-Mitgliedschaft zu beantragen. Die Beitrittsbedingungen sind zwischen dem Beitrittskandidaten und den Mitgliedern der WTO auszuhandeln. Den Schlussentscheid über die Mitgliedschaft fällt die Ministerkonferenz oder – in der Zeit zwischen den Ministerkonferenzen – der Allgemeine Rat mit Zweidrittelmehrheit. Nicht zustimmende Mitglieder der WTO werden durch den Entscheid der übrigen Mitglieder nicht zur Anerkennung des neuen WTO-Mitglieds verpflichtet.

Über die Auslegung und Anwendung der WTO-Verträge entscheidet die Ministerkonferenz oder der Allgemeine Rat mit Dreiviertelmehr.

In ausserordentlichen Situationen können die Mitglieder von ihren WTO-Pflichten (der Meistbegünstigungspflicht oder anderen Verpflichtungen) entbunden werden. Die Gewährung einer Ausnahme, in der WTO-Sprache eines «waiver», erfordert das Dreiviertelmehr der Mitglieder. Geht es um die Befreiung von einer Verpflichtung, der ein Vertragspartner während einer Übergangsfrist nicht nachkommen musste und bei deren Auslaufen immer noch nicht nachkommt, verlangt die Gewährung eines «waiver» Einstimmigkeit.

Vorschläge zu Vertragsänderungen können von allen Mitgliedern der WTO eingebracht werden. Innerhalb 90 Tagen hat die Ministerkonferenz darüber zu entscheiden, ob die Vorschläge die Rechte und Pflichten der Mitglieder verändern würden oder nicht. Von diesem Verfahren ausgenommen sind Vorschläge über die Kernbereiche Meistbegünstigungsprinzip, Inländerprinzip und Verfahrensfragen, deren Änderung Einstimmigkeit verlangt. Auf Ministerebene erfordert die Annahme eines Antrags, der die Rechte und Pflichten der Mitglieder ändert, wenigstens zwei Drittel der Stimmen. Die angenommene Vertragsänderung verpflichtet, analog zur bisherigen GATT-Regelung, nur die zustimmenden WTO-Mitglieder. Die Ministerkonferenz hat aber – darin unterscheidet sich die neue von der ursprünglichen Regelung, gemäss Uruguay-Schlussakte das Recht, ein nichtzustimmendes Mitglied von der WTO auszuschliessen. Dazu ist ein Dreiviertelmehr der Stimmen erforderlich. Ein solches Vorgehen stand bisher nie zur Diskussion.

Die Annahme von Vorschlägen, welche die Rechte und Pflichten der WTO-Mitglieder *nicht* ändern, erfordert das Zweidrittelmehr. Diese Änderungen verpflichten alle Mitglieder, nicht nur die zustimmenden. Ein Ausschluss eines nicht zustimmenden Mitglieds aus der WTO ist bei diesen Vertragsänderungen nicht vorgesehen.

Handelt es sich um Vorschläge, die eine Änderung der Kernbereiche der WTO, der Meistbegünstigung, des Inländerprinzips und des Entscheidungsverfahrens zum Gegenstand haben, ist Einstimmigkeit in der Ministerkonferenz der WTO erforderlich. Jedem Mitglied steht somit in diesen Bereichen ein Vetorecht zu. Ein Mitglied geht mit seiner Mitgliedschaft somit nicht das Risiko ein, wegen einer ablehnenden Haltung von der WTO ausgeschlossen zu werden.

Trotz all dieser Zweidrittel- und Dreiviertel-Mehrheits-Bestimmungen im WTO-Vertragswerk hielten sich die WTO-Mitglieder bis heute (in Fortführung der GATT-Tradition) an die Usanz, Entscheide im Konsens zu fällen. Die grossen Staaten und Staatengruppen sind an der Weiterführung dieser Praxis interessiert aus Angst, von der grossen Zahl anderer Mitglieder überstimmt zu werden. Aber auch die kleineren und mittelgrossen WTO-Partner sind sich bewusst, dass Entscheide gegen die Interessen der marktmässig starken Mitglieder nicht tragfähig wären. Vor diesem Hintergrund ist die folgende Übersicht zu werten. Sie gibt Auskunft über ein juristisches Entscheidungsgebilde, das in der Praxis nicht überzeugt.

Übersicht 5: Das Beschlusfassungssverfahren

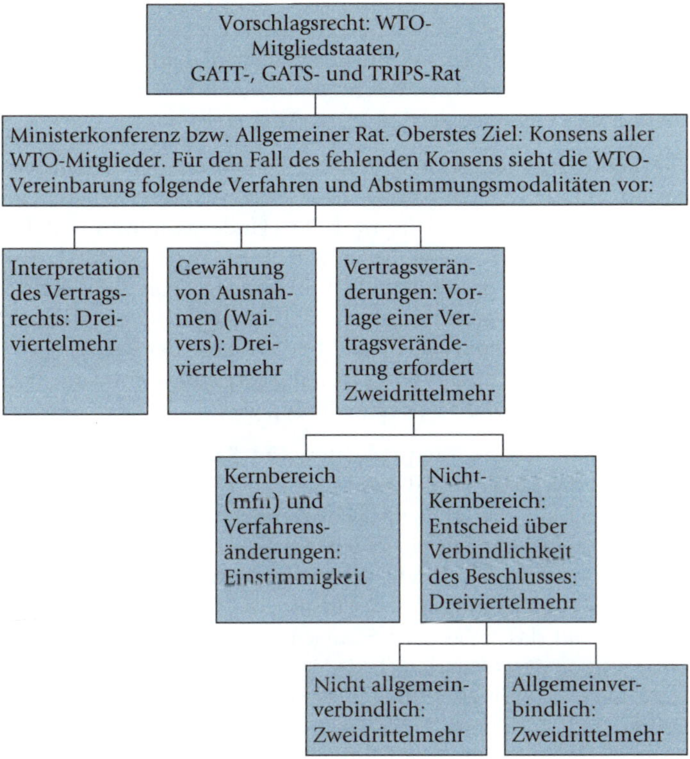

§ 4 Die Streitschlichtung

Das im GATT 47 bis 1994 angewandte Streitschlichtungsverfahren ging auf das Jahr 1952 zurück. Damals richteten die VERTRAGSPARTEIEN zur Beilegung von Differenzen zwischen den Vertragsparteien spezielle Arbeitsgruppen ein. Daraus entwickelte sich die Praxis, für jedes Streitverfahren eine eigenständige Sachverständigengruppe («Panel») einzusetzen. Die rechtliche Verankerung des gewohnheitsrechtlichen Panelverfahrens erfolgte im Jahr 1979 in Form einer Beschreibung der bis dahin üblichen GATT-Praxis (vgl. Benedek (1990), S. 314f.).

Die heute geltende Rechtsgrundlage der WTO-Streitschlichtung basiert auf der «Vereinbarung über Regeln und Verfahren zur Streitbeilegung» vom 15. April 1994 (Understanding on Rules and Procedures Governing the Settlement of Disputes, DSU), den «Verfahrensregeln des Streitschlichtungsorgans» vom 10. Februar 1995 (Rules of Procedure for the DSB) sowie der Vereinbarung «Errichtung, Verfahrensregeln und Spruchpraxis der Berufungsinstanz» vom 15. Februar 1996 (Working Procedures for Appellate Review, Decision of the Appellate Body).

Beschränkte sich die Streitschlichtung im Rahmen des GATT 47 allein auf den Güterhandel, erfuhr sie in der Uruguay-Runde eine Ausweitung auf den grenzüberschreitenden Handel mit Dienstleistungen, die handelsrelevanten Aspekte der geistigen Eigentumsrechte sowie den Handel mit zivilen Luftfahrzeugen und das öffentliche Beschaffungswesen. Für die beiden plurilateralen Abkommen gilt das allgemeine Streitschlichtungsverfahren nur mit Zustimmung derer Parteien (DSU, Anhang I, Abschnitt 2). Die in einzelnen Abkommen enthaltenen besonderen Regeln und Verfahren sind in Anhang 2 des DSU zusammengestellt. Neuerungen gegenüber der Streitschlichtung des GATT 47 bestehen in der heutigen Ordnung auch in der Schaffung einer Rekursinstanz (Appellate Body, AB), der Verkürzung der Verfahrensfristen, der Einführung eines Zwischenberichts im Panelverfahren, der Verbindlicherklärung der Berichte des Panel und der Entschliessungen der Rekursinstanz sowie der Umsetzung und Durchsetzung der Entscheide des Streitschlichtungsorgans.

Das Streitschlichtungsverfahren weist folgende Phasen auf:

Ist das WTO-Mitglied A der Auffassung, dass Zugeständnisse oder sonstige Vorteile, die ihm aus dem WTO-Vertragswerk zustehen, zunichte gemacht oder geschmälert werden, oder dass die Erreichung eines Vertragsziels dadurch behindert wird, weil erstens die Partei B ihre Vertragsverpflichtungen nicht erfüllt oder zweitens die Partei B bestimmte Massnahmen trifft (die nicht unbedingt gegen die WTO verstossen müssen) oder drittens irgend eine andere Sachlage gegeben ist, so hat die Partei A das Recht, der Partei B Vorstellungen oder Vorschläge zu unterbreiten, welche B «wohlwollend» zu prüfen hat. Diese in Art. XXIII GATT festgehaltene Bestimmung ist der Ausgangspunkt des in der Vereinbarung über Regeln und Verfahren zur Streitbeilegung (DSU) vorgeschriebenen Verfahrens. Kommt es zwischen den Parteien A und B zu keiner einvernehmlichen Lösung, hat A Anspruch auf ein offizielles Konsultationsverfahren. Der Vertragspartner B ist verpflichtet, im Verlauf von 10 Tagen die Anfrage des Partners A zu beantworten und innerhalb 30 Tagen Konsultationen mit A aufzunehmen. Die Verhandlungen sind in einer Zeitspanne von 60 Tagen nach Antragseingang durchzuführen. Das Streitschlichtungsorgan (DSB) ist über den Verlauf und den Ausgang der Konsultationen zu informieren.

Wenn die Partei B bis in 10 Tagen die Anfrage von A nicht beantwortet oder nach 30 Tagen nicht zu Konsultationen bereit ist, oder wenn die Konsultationen im Verlauf von 60 Tagen nach Erhalt des Konsultationsersuchens fehlschlagen, hat die Partei A das Recht, beim Streitschlichtungsorgan die Einsetzung eines Untersuchungsausschusses (Panel) zu beantragen. An der ersten Sitzung des DSB kommt die Einsetzung eines Panel nur zu Stande, wenn alle Parteien einverstanden sind (bei Erreichung eines «positiven Konsens»). Die angeklagten Parteien können somit vorerst das Zustandekommen eines Panel verhindern, um Zeit zu gewinnen oder ihrer Missbilligung Ausdruck zu verleihen. Im Bananen- und Stahlstreit haben die EU und die USA von dieser Möglichkeit

Gebrauch gemacht. Wird der Streit in der Folge nicht beigelegt, setzt das DSB auf der zweiten Tagung ein Panel ein, es sei denn, das DSB spreche sich einstimmig dagegen aus (in diesem Zusammenhang spricht man von einem «negativen Konsens»), was aber höchst unwahrscheinlich ist, weil die Beschwerde führende Partei kaum gegen den eigenen Antrag stimmt (vgl. Stoll/Schorkopf (2002), Rz. 434ff.).

Das Panel besteht aus drei Personen (in Ausnahmefällen aus fünf Personen), die nicht aus den in den Streitfall involvierten Parteien stammen dürfen. Lehnt eine Streitpartei ein Mitglied des Panel (z.B. wegen vermuteter Befangenheit) ab, hat der Generaldirektor der WTO im Einvernehmen mit dem Vorsitzenden des DSB und dem Vorsitzenden des betreffenden Rats oder Ausschusses eine neue Besetzung des Panel vorzunehmen. Das WTO-Sekretariat führt eine von den Parteien akzeptierte Liste von verfügbaren Delegationsmitgliedern, Regierungsbeamten und privaten Personen, die im Bedarfsfall als Mitglieder des Panel angefragt werden können. Mit der Einsetzung des Panel beginnt das förmliche Verfahren der Streitschlichtung.

Jede Partei hinterlegt beim WTO-Sekretariat eine schriftliche Stellungnahme zuhanden des Panel und der Gegenpartei. Nach Studium der eingereichten Berichte und Anhörung der mündlichen Stellungnahmen der Streitparteien verfasst das Panel einen Zwischenbericht zuhanden der Parteien. Der Zwischenbericht hat die Tatbestände des Streitfalls und die Schlussfolgerungen des Panel zu enthalten. Die Parteien haben das Recht, vor der Verteilung des Schlussberichts die nochmalige Überprüfung gewisser Aspekte durch das Panel zu beantragen. Trifft während der vorgegebenen Frist von Seiten der Parteien keine schriftliche Stellungnahme zum Zwischenbericht ein, gilt der Zwischenbericht als endgültiger Bericht des Panel. Der Schlussbericht soll in sechs Monaten – in dringenden Fällen (bei verderblichen Produkten) in drei Monaten – vorliegen. Eine Fristerstreckung auf neun Monate ist in Ausnahmefällen möglich (wenn entsprechende Expertisen einzuholen und Abklärungen vorzunehmen sind, wie beispielsweise seinerzeit im Hormonfall).

Der Panelbericht ist weder endgültig noch verbindlich. Es handelt sich lediglich um einen Vorschlag beziehungsweise eine Empfehlung zuhanden des WTO-Streitschlichtungsorgans, des DSB.

Der Vorschlag des Panel gilt als angenommen und verbindlich, wenn das DSB innerhalb 60 Tagen nicht einstimmig Ablehnung beschliesst und keine der betroffenen Vertragsparteien Rekurs anmeldet.

Das Gesuch um Wiedererwägung richtet sich an die Ständige Rekursinstanz (Appellate Body, AB). Die Ständige Rekursinstanz, auch unter dem Namen Ständige Berufungsinstanz bekannt, wird vom DSB ernannt und setzt sich aus sieben Personen zusammen, von denen sich jeweils drei eines Streitfalls annehmen. Die ordentliche Amtszeit der Mitglieder des AB beträgt vier Jahre. Eine einmalige Wiederwahl ist möglich. Die Mitglieder der Berufungsinstanz haben regierungsunabhängig zu sein. Ihre Zusammensetzung soll möglichst den Mitgliederkreis der WTO widerspiegeln. Die Ständige Rekursinstanz hat nun innerhalb 60 Tagen zu entscheiden und ihr Ergebnis dem DSB mitzuteilen. Spricht sich das DSB nicht einstimmig gegen den Entscheid des AB aus (was in Wirklichkeit nicht eintritt, weil die gewinnende Partei sicher nicht dagegen stimmt), wird der Entscheid verbindlich und ist innerhalb von 30 Tagen von den Parteien zu akzeptieren.

Nach Annahme des Entscheids ist die betroffene Vertragspartei verpflichtet, dem DSB innerhalb von 30 Tagen mitzuteilen, wie sie den Entscheid umzusetzen beabsichtigt.

Kommt die Partei B nach Ansicht von A der Anforderung des DSB in der ihr gesetzten Frist (in der Regel 15 Monate) nicht oder nicht vollständig nach, hat A das Recht auf ein Anschlussverfahren. Das Panel hat in 3 Monaten die Umsetzung des Entscheids durch B abzuklären.

Kommt zwischen den Parteien keine zufriedenstellende Lösung zustande, kann A vom DSB die Ermächtigung zur Aussetzung von Zugeständnissen oder anderen Vertragsverpflichtungen gegenüber B verlangen. Über die Angemessenheit der Massnahmen entscheidet der «Schiedsrichter» («arbitrator», eine Einzelperson, eine Gruppe oder das ursprüngliche Panel). Die Gegenmassnahmen haben vornehmlich im Bereich der Vertragsverletzungen stattzufinden. Ist dies nicht möglich, können Vergeltungsmassnahmen auch in anderen Bereichen erfolgen (sog. «cross-retaliations»). Die getroffenen Massnahmen sind aufzuheben, wenn die Vertragsverletzung wegfällt. Das geltende Recht lässt offen, ob ein Anschlussverfahren anzustrengen ist oder ob Retorsionsmassnahmen ergriffen werden dürfen. Im Bananenstreit hätte sich die EU ein Anschlussverfahren gewünscht, konnte dieses aber nicht initiieren. Die USA bevorzugten Gegenmassnahmen. Das Nebeneinander des Anschlussverfahrens und der Möglichkeit des unmittelbaren Ergreifens von Gegenmassnahmen hat immer wieder Diskussionen ausgelöst und wird bei einer künftigen Revision der Vereinbarung behandelt werden müssen.

Übersicht 6: Schema des Streitschlichtungsverfahrens

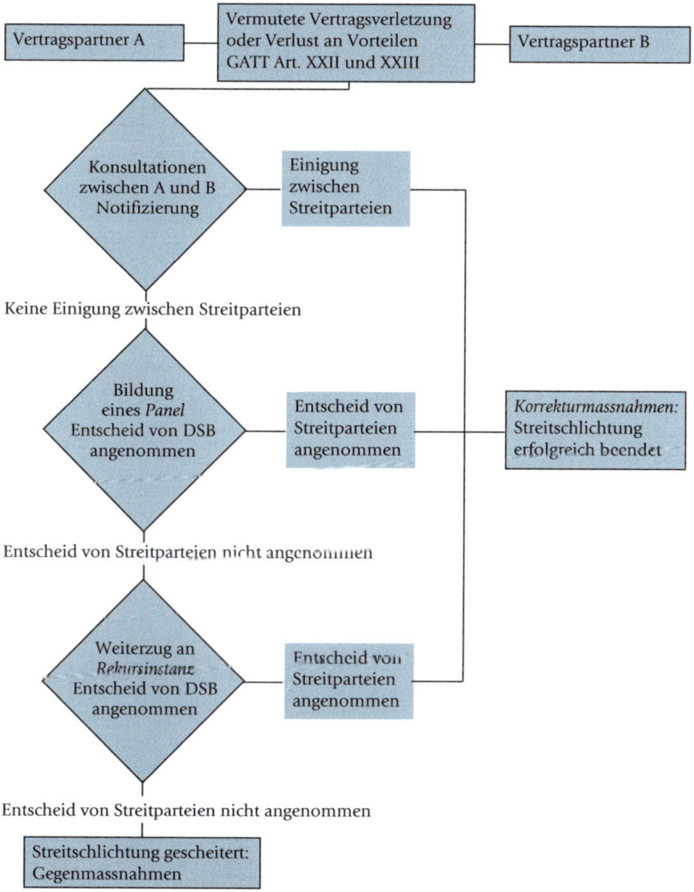

3. Teil: Die gemeinsamen Vertragsinhalte

Das Vertragswerk der WTO besteht aus multilateralen und plurilateralen Abkommen. Die multilateralen Abkommen sind in der Sprache der heute geltenden Welthandelsordnung für alle WTO-Mitglieder verpflichtend. Ohne deren Ratifizierung kann ein Land oder ein autonomes Zollgebiet die WTO-Mitgliedschaft nicht erlangen. Die multilateralen Abkommen sind das GATT, das GATS und das TRIPS sowie die diesen Verträgen zugeordneten Zusatzvereinbarungen über die Landwirtschaft, die Gesundheit, die technischen Handelshemmnisse usw. Die plurilateralen Abkommen binden nur die ratifizierungswilligen WTO-Partner. Die beiden plurilateralen Abkommen sind das Abkommen über den Handel mit zivilen Luftfahrzeugen und das Abkommen über das öffentliche Beschaffungswesen. Viele Entwicklungsländer haben diese beiden Abkommen nicht unterzeichnet, verfügen aber trotzdem über die volle WTO-Mitgliedschaft.

Im Weiteren ist zwischen den allgemeinen und den speziellen Vertragsinthalten zu unterscheiden. Die allgemeinen Vertragselemente finden sich in den Hauptverträgen GATT, GATS und TRIPS. Es handelt sich um die gemeinsame Zielsetzung, die Meistbegünstigungsklausel, das Inländerprinzip, die reziproke Verhandlungsweise, die Vorschriften über den Abbau von tarifären und nichttarifären Handelsschranken, die Begünstigung der Entwicklungsländer und die Umweltschutzbestimmungen. Die Sonderbestimmungen sind in der Regel Gegenstand der Zusatzabkommen und beziehen sich auf einzelne Wirtschafts- oder Sachbereiche wie zum Beispiel die Landwirtschaft, das Gesundheitswesen, die technischen Handelshemmnisse, Dumping- und Subventionsfragen usw.

Übersicht 7: Gliederung des WTO-Vertragswerks nach Abkommensinhalten

Multilaterale Abkommen

GATT	GATS	TRIPS

Gemeinsame Inhalte

- Zielsetzung
- Meistbegünstigung
- Inländerprinzip
- Reziprozität
- Abbau der tarifären und nicht tarifären Handelsabkommnisse
- Begünstigung der Entwicklungsländer

GATT	GATS	TRIPS
Landwirtschaft	Personenverkehr	Sonder-bestimmungen
Gesundheit	Finanzdienste	
Techn. Hemmnisse	Telekommunikation	
Investitionen		
Dumping		
Zollwert		
Versandkontrolle		
Ursprungsregeln		
Einfuhrlizenzen		
Subventionen		
Schutzmassnahmen		

Plurilaterale Abkommen

- Handel mit zivilen Luftfahrzeugen
- Öffentliches Beschaffungswesen

Die Übersicht 7 unterteilt die einzelnen Vereinbarungen nach multilateralen und plurilateralen Abkommen sowie einzelnen Handelsbereichen (Güterhandel, grenzüberschreitender Dienstleistungshandel und sowie handelsrelevante Aspekte der geistigen Eigentumsrechte). Die anschliessenden Ausführungen folgen der in dieser Übersicht vorgenommenen Gliederung.

§ 1 Die Zielsetzung

Die Grundausrichtung der WTO hebt sich von jener des GATT 47 ab. Sprach das GATT 47 von der Erhöhung des Lebensstandards, der Verwirklichung der Vollbeschäftigung, einem hohen und ständig steigenden Niveau des Realeinkommens, der vollen Erschliessung der Hilfsquellen der Welt sowie der Steigerung der Produktion und des Austausches von Waren, so lässt die Präambel der WTO-Vereinbarung die Zielsetzung «volle Erschliessung der Hilfsquellen der Welt» fallen. Stattdessen knüpft sie die Erhöhung des Lebensstandards und die Verwirklichung der Vollbeschäftigung an die Bedingung einer «optimalen Nutzung der Weltressourcen», abgestimmt auf eine nachhaltige Entwicklung, welche die Umwelt sowohl schützt und erhält, als auch die dazu notwendigen Mittel mehrt. Damit hat die heute geltende Welthandelsordnung, im Gegensatz zu GATT 47, eine auf die Umwelt abgestimmte Neuausrichtung erfahren.

Zudem enthält die Präambel der WTO-Vereinbarung einen zusätzlichen Abschnitt über die besondere Berücksichtigung der Bedürfnisse der Entwicklungsländer. Die Vertragspartner der WTO anerkennen, «dass es positiver Bemühungen bedarf, damit die Entwicklungsländer, insbesondere die am wenigsten entwickelten unter ihnen, einen Anteil am Wachstum des internationalen Handels erreichen, der den Erfordernissen ihrer wirtschaftlichen Entwicklung entspricht». Zur besseren Wahrung der Interessen der wirtschaftlich schwachen Staaten entstand im Rahmen der WTO ein Ausschuss für Handel und Entwicklung mit dem Auftrag, sich vor allem folgender Fragen anzunehmen: Öffnung der Agrarmärkte zu Gunsten der Dritten Welt über eine Reduktion der Agrarhandelsschranken und Agrarsubventionen der reichen Länder, Beseitigung der mengenmässigen Textil-Importbeschränkungen bis Ende 2004, Reduktion der Zolleskalation (des Zollanstiegs bei zusätzlicher Produktverarbeitung und Werthinzufügung) und Intensivierung des Technologietransfers zum

Vorteil der wirtschaftlich schwachen Staaten. Gegenstand der künftigen Handelsverhandlungen habe auch die Verwirklichung der in der Uruguay-Runde zu Gunsten der Entwicklungsländer gemachten Zugeständnisse zu sein («implementation-related issues and concerns»).

§ 2 Das Prinzip der Meistbegünstigung

Was beinhaltet das Prinzip der Meistbegünstigung? In welchen Bereichen findet das mfn-Prinzip Anwendung? Welcher Art sind die Ausnahmen?

1. Der Grundsatz

Art. I GATT, Art. II GATS und Art. 4 TRIPS verpflichten die WTO-Mitglieder, alle Vorteile, Begünstigungen, Befreiungen und Rechte, die sie im Handel mit Gütern und Dienstleistungen oder im Zusammenhang mit handelsrelevanten Aspekten der geistigen Eigentumsrechte einem anderen Land oder einem autonomen Zollgebiet, einem Staatsbürger eines anderen Landes oder eines autonomen Zollgebiets (gleichgültig, ob WTO-Mitglied oder Staatsbürger eines WTO-Mitglieds oder nicht) zugestehen, allen anderen WTO-Mitgliedern und ihren Staatsbürgern für gleiche und gleichartige Güter, Dienstleistungen und Rechte des geistigen Eigentums unverzüglich und bedingungslos auch zu gewähren. Mit anderen Worten, ein WTO-Mitglied darf die WTO-Mitglieder nicht unterschiedlich behandeln noch gegenüber Drittpartnern, das heisst Nicht-WTO-Mitgliedern schlechter stellen. Dagegen ist jedes WTO-Mitglied in der Weitergabe der den WTO-Mitgliedern gewährten Vorteile an Nicht-WTO-Partner frei.

Im Gegensatz zu den grossen Handelsmächten wie den USA und der EU, die das Prinzip der Meistbegünstigung nicht selten auch als handelspolitische Waffe gegenüber Nicht-Mitgliedern der WTO (z.B. früher gegenüber der Volksrepublik China und heute gegenüber den Ländern der früheren UdSSR) einsetzen, wenden die kleinen Staaten, wie beispielsweise die Schweiz, die mfn-Klausel gegenüber allen Handelspartnern – also auch den Nicht-Mitgliedern der WTO – uneingeschränkt an.

Die in den Vertragstexten enthaltene Bestimmung «unverzüglich» weist darauf hin, dass die Vorteile, Begünstigungen usw. allen WTO-Mitgliedern gleichzeitig und ohne zeitlichen Verzug auch zu gewähren sind. Ein länderweises zeitliches Nacheinander ist nicht erlaubt.

«Bedingungslos» besagt, dass die einem Handelspartner gewährten Vorteile, Begünstigungen, Befreiungen und Rechte jedem WTO-Mitglied ohne weitere Gegenleistung und Zusatzbedingung zu gewähren sind. Werden von Dritten Gegenleistungen erwartet, so sind diese vor und nicht nach einem Gewährungsbeschluss auszuhandeln. Der Hinweis «bedingungslos» ist eine bewusste Abkehr von der in den zwanziger Jahren des letzten Jahrhunderts praktizierten «bedingten» Meistbegünstigung, die darin bestand, Zugeständnisse an Drittstaaten nur weiterzugeben, wenn diese nachträglich zu «angemessenen» Gegenleistungen bereit waren.

2. Der Anwendungsbereich

Unter das Prinzip der Meistbegünstigung fallen:

- die Veränderung von Zöllen und Belastungen aller Art, die bei der Ein- und Ausfuhr von Gütern und Dienstleistungen erhoben werden,
- die Art der Überweisung von Zahlungen im Handelsverkehr,
- das Erhebungsverfahren für Zölle und andere Grenzabgaben,
- das administrative Verfahren bei der Erfassung und Kontrolle der grenzüberschreitenden Güter und Dienstleistungen,

- die Belastung der Güter und Dienstleistungen mit direkten oder indirekten Abgaben,
- die rechtliche Regelung des Handels, des Verkaufs, der Beförderung, der Verteilung und der Verwendung von Importgütern und Dienstleistungen im Inland und
- die Ordnung des handelsrelevanten geistigen Eigentumsrechts in Form von Standardvorschriften, Nachahmungsverboten, Urheberrechten und Patenten.

In den Bereichen Dienstleistungen und Aspekte der geistigen Eigentumsrechte geht es nicht allein um die Dienstleistungen und Eigentumsrechte als solche, sondern auch um ihre Träger, das heisst um die Staatsbürger der WTO-Mitglieder, die grenzüberschreitend Dienstleistungen erbringen, sich zur Erbringung von Dienstleistungen im Gebiet eines anderen WTO-Partners aufhalten oder sich im Markt eines WTO-Partners durch eine Mittlerstelle (z.B. eine Agentur) vertreten lassen.

Die Anwendung des mfn-Prinzips hat im Verlauf der GATT- beziehungsweise der WTO-Geschichte immer wieder zu Differenzen und Diskussionen zwischen den GATT-Vertragspartnern und zwischen den WTO-Mitgliedern geführt. Gegenstand der Streitschlichtung war vor allem die Frage nach der Gleichheit der Produkte. So gewährte zum Beispiel Spanien im Jahr 1979 auf Importen von geröstetem Kaffee aus Kolumbien («Colombian mild» und «Other mild») Zollfreiheit, erhob indessen auf Einfuhren von ungeröstetem Kaffee aus Brasilien («unwashed Arabica» und «Robusta coffee») 7 Prozent Zoll, mit dem Argument, gerösteter und ungerösteter Kaffee seien verschiedene Produkte. In Anlehnung an die frühere Praxis entschied das Panel, es handle sich in diesem Fall um das gleiche Produkt. Es sei nicht üblich, dass das Aroma des Endprodukts das Ausgangsgut in unterschiedliche Produktarten aufteile, abgesehen davon, dass die Endbestimmung des Produkts als Getränk die gleiche sei. Aus diesem Grund müsse eine unterschiedliche Verzollung des gerösteten und ungerösteten Kaffees als Verletzung der Produktgleichheit und als Diskriminierung der Anbieter des ungerösteten Kaffees aus Brasilien beurteilt werden (vgl. BISD 28S/111f.).

Dagegen erachtete das Panel die Einhaltung eines Mindestpreises beim Import von Tomaten-Extrakten nicht als Verletzung der Meistbegünstigung, auch wenn deren Garantierung den Lieferanten aus Freihandelsmärkten schwieriger falle als den Anbietern aus Staatshandelsländern. Solange die verlangte Garantieerklärung für alle Produkte aus allen Ländern die gleiche sei, werde Art. I GATT nicht verletzt (vgl. BISD 25S/68ff.).

Die Frage nach der Gleichheit und Gleichartigkeit eines Produkts oder einer Dienstleistung wird nie abschliessend beantwortet werden können. Je nach Interessenlage kommen unterschiedliche Kriterien zur Anwendung: Ist zum Beispiel bei Holz auf die biologische Gattung der Pflanze, auf die innere Qualität des Produkts oder auf die Verwendungsmöglichkeit zu achten? Gleiche Baumarten weisen ganz unterschiedliche Holzqualitäten auf, je nachdem sie im gemässigten Klima auf Meereshöhe oder im Norden im unwirtlichen Gebirge wachsen. Soll nun auf die Baumart, die Holzqualität, die Preislage, die Vorverarbeitung (zugeschnittenes oder Rundholz) oder die Verwendungsmöglichkeit geachtet werden? (vgl. Streitfall über Holzexporte aus Kanada nach Japan, FOCUS 1989/62, S. 1ff.).

3. Die Ausnahmen

Von der Meistbegünstigungspflicht sind die WTO-Mitglieder entbunden, wenn sie sich erstens zu regionalen Integrationsräumen zusammenschliessen, wenn sie zweitens Vorbehalte im Dienstleistungsbereich angemeldet haben beziehungsweise anmelden, und drittens, wenn es sich um Präferenzen zu Gunsten der Entwicklungsländer handelt.

Die wohl wichtigste Ausnahme vom Prinzip der Meistbegünstigung ist die im GATT- und GATS-Vertrag erlaubte Schaffung von Integrationsräumen, das heisst von Interimsabkommen, Grenzverkehrsvereinbarungen, Zollunionen und Zollgemeinschaften. Die Rechtfertigung dieser Ausnahme sieht Art. XXIV.4 GATT darin, über die Förderung der wirtschaftlichen Integration «eine grössere Freiheit des Handels herbeizuführen».

Das Interimsabkommen ist eine auf maximal 10 Jahre beschränkte Vorab-Vereinbarung im Hinblick auf die Schaffung einer Zollunion oder Zollgemeinschaft. Das Interimsabkommen ist beim WTO-Sekrertariat anzumelden, unter Angabe aller Auskünfte, deren die WTO-Arbeitsgruppe bedarf, um die WTO-Konformität des geplanten Abkommens abzuklären.

Bei der Grenzverkehrsvereinbarung geht es um die Erleichterung des Grenzverkehrs. Wenn die Staatsgrenze zwischen zwei WTO-Mitgliedern mitten durch ein Dorf oder eine Stadt verläuft, oder wenn sich ausländisches Gebiet als Enklave im Nachbarland befindet, dürfen die Zölle und Grenzformalitäten für dieses Marktgebiet aufgehoben werden, ohne die diesem Gebiet gewährten Vorteile den übrigen WTO-Mitgliedern weiter geben zu müssen. Derartige Vereinbarungen bestehen zum Beispiel zwischen Italien und der Republik San Marino und zwischen Italien und dem Vatikan. Die Grenzverkehrsvereinbarungen mögen völkerrechtlich von Interesse sein. Handelspolitisch und weltwirtschaftlich sind sie ohne grosse Bedeutung.

Die Zollunion verfügt über einen einheitlichen Aussenzolltarif. Der Handel innerhalb der Union ist für alle Produkte zollfrei. Eine Kontrolle der Handelsgüter an den Binnengrenzen erübrigt sich (freier Binnenhandel). Das heute bedeutendste Beispiel einer Zollunion ist die Europäische Union (EU).

In der Zollgemeinschaft, oft auch Freihandelsabkommen genannt, behalten die Vertragspartner ihre individuellen Aussenzolltarife bei. Der Freihandel zwischen den Vertragsparteien beschränkt sich auf die Produkte und Dienstleistungen, die in den Märkten der Abkommenspartner ihren Ursprung haben. Den Ursprung erlangen die Produkte über die vollständige Produktion oder die ausreichende Be- oder Verarbeitung. «Vollständig» weist auf eine Produktion ohne Neben- und Vorprodukte aus Drittländern hin. Darunter fallen in der Regel die landwirtschaftlichen Erzeugnisse und die Bergbauprodukte. «Ausreichend be- und verarbeitet» ist ein Produkt, wenn es aufgrund der Be- und Verarbeitung von einer Zollposition in eine andere Position wechselt. Einen Zollpositionenwechsel erfahren vor allem die gewerblichen und industriellen Güter. Innerhalb einer Zollgemeinschaft bleiben die Grenzkontrollen wegen des Ursprungserfordernisses bestehen. Die Überprüfung des Ursprungs erfolgt anhand des Ursprungszeugnisses, in der Fachsprache auch «Warenverkehrsbescheinigung» genannt. Die heute wichtigste Zollgemeinschaft ist die Nordamerikanische Freihandelsassoziation (North American Free Trade Agreement, NAFTA).

Die Schaffung von Integrationsräumen setzt nach GATT voraus, dass annähernd der gesamte Handel («substantially all the trade») der an der Integration teilnehmenden Partner erfasst wird und nicht teilnehmende WTO-Partner in ihrem Handel nicht zusätzlich belastet oder behindert werden.

Anstelle von Zollunionen und Zollgemeinschaften ist oft von «Regionalen Integrationsabkommen» oder «Freihandelsabkommen» die Rede, wobei der Begriff «Freihandelsabkommen» meist exklusiv für «Zollgemeinschaft» Verwendung findet. Beinhaltet die Integration neben den Zöllen auch nichttartifäre Handelshemmnisse wie Sicherheits-, Gesundheits- und Investitionsvorschriften, wird heute mehr und mehr der Begriff «Wirtschaftliches Partnerschaftsabkommen» (Economic Partnership Agreement, EPA) gebraucht.

Welche Bedeutung den bestehenden Integrationsräumen zukommt, zeigen folgende Handelswerte: Auf die EU (27) entfallen zurzeit fast 40 Prozent des weltweiten Güter- und Dienstleistungshandels (inkl. EU-Intrahandel), auf die NAFTA knapp 15 und auf die Assoziation der südostasiatischen Nationen (Association of South East Asian Nations, ASEAN) etwa 6 Prozent. Der interne Handel zwischen den EU- beziehungsweise den ASEAN-Mitgliedern liegt bei gut zwei Dritteln und jener zwischen den NAFTA-Staaten bei ca. der Hälfte ihres gesamten Aussenhandels (WTO, Trade statistics).

Die zweite mfn-Ausnahme findet sich im Dienstleistungsbereich. Das GATS erlaubt, einzelne Dienstleistungen von der Meistbegünstigung auszunehmen und diese Ausnahmen in den so genannten «Negativlisten» festzuhalten. Nach der Uruguay-Runde haben rund zwei Drittel aller WTO-Mitglieder dem WTO-Sekretariat Ausnahmelisten eingereicht. Die Ausnahmen beziehen sich schwergewichtig auf den Seetransport, die Kommunikation, das Finanzwesen und die Unternehmensführung. Trotz der Vorgabe des GATS, die Ausnahmen auf eine Dauer von maximal 10 Jahren zu begrenzen, sind gemäss WTO auch heute noch vier Fünftel aller Ausnahmen zeitlich nicht limitiert.

Die dritte mfn-Ausnahme besteht in der Präferenzierung der wirtschaftlich schwachen Staaten. Die Rechtsgrundlagen der Präferenzen finden sich in dem 1964 dem GATT-Vertrag beigefügten Teil IV (unter dem Titel «Handel und Entwicklung»), in dem 1971 beschlossenen Allgemeinen Präferenzensystem (Gewährung von zeitlich befristeten mfn-Ausnahmen, GSP) und in der 1979 verabschiedeten Ermächtigungsklausel (Erlaubnis von zeitlich unbefristeten mfn-Ausnahmen). Nach Absatz 1 der Ermächtigungsklausel dürfen die Vertragsparteien «[u]ngeachtet des Art. I des GATT [...] den Entwicklungsländern eine differenzierte und günstigere Behandlung gewähren, ohne diese Behandlung den anderen Vertragsparteien zu gewähren». Die Ermächtigungsklausel findet Anwendung auf (1) die präferenzielle Zollbehandlung von Seiten der Industriestaaten zu Gunsten der wirtschaftlich schwachen GATT-Partner bei Halb- und Fertigfabrikaten gewerblicher und industrieller Art, (2) die nichttarifären Handelshemmnisse in den Bereichen Subventionen, Antidumping, öffentliches Beschaffungs- und Lizenzwesens, (3) die Präferenzen tarifärer und nichttarifärer Art zwischen den Entwicklungsländern und (4) die speziellen Massnahmen wie beispielsweise die Einräumung von Importquoten zu Gunsten der besonders armen Länder. Die präferenzierten Importe machen in den letzten Jahren in den USA und in der EU 2.5 bis 3.5 Prozent der gesamten Importe aus, ein relativ bescheidener Anteil für die Industriestaaten, aber in vielen Fällen ein wichtiger Exportanteil für die Entwicklungsländer (vgl. USDA (2004), S. 14 und 20).

§ 3 Das Inländerprinzip

Ein zweiter Kernbereich der heute geltenden Welthandelsordnung ist die handelsmässige Gleichstellung von In- und Ausland, das Prinzip der Inlandgleichbehandlung, auch «Inländerprinzip» («National treatment») genannt. Das Inländerprinzip verpflichtet die WTO-Mitglieder, Waren und deren Anbieter sowie Dienstleistungen und deren Erbringer aus anderen WTO-Mitgliedern nicht «weniger günstig» zu behandeln als inländische Waren und Dienstleistungen sowie deren Anbieter und Erbringer. Ausgenommen vom Inländerprinzip sind die Zölle. Wenn ein Land seine eigene Wirtschaft schützen will, darf es auf Importen Zölle erheben. Diese Ausnahme gründet auf der Überlegung, dass Zölle ein relativ transparentes und administrativ einfach anwendbares Aussenhandelsinstrument darstellen, wogegen nichttarifäre Handelshemmnisse in der Regel nur schwer zu erkennen, zu fassen und zu kontrollieren sind.

Die Hauptbestimmung des Inländerprinzips findet sich in Art. III GATT, Art. XVII GATS und Art. 3 TRIPS. Zwischen dem GATT und TRIPS einerseits und dem GATS andererseits besteht ein wesentlicher Unterschied. Im Gegensatz zu GATT und TRIPS enthält das

GATS keine generelle Verpflichtung zur Einhaltung des Inländerprinzips. Im GATS gilt das Inländerprinzip allein für Dienstleistungen, die auf der so genannten «Positivliste» aufgeführt und bei der WTO als Liste hinterlegt sind.

Im GATT verpflichten sich die WTO-Mitglieder, «die inneren Abgaben und sonstigen Belastungen, die Gesetze, Verordnungen und sonstigen Vorschriften über den Verkauf, das Angebot, den Einkauf, die Beförderung, Verteilung oder Verwendung von Waren im Inland sowie inländische Mengenvorschriften über die Mischung, Veredelung oder Verwendung von Waren nach bestimmten Mengen oder Anteilen auf eingeführte oder inländische Waren nicht derart [anzuwenden ...], dass die inländische Erzeugung geschützt wird». Das GATT nimmt sodann eine Einschränkung als auch eine Ausweitung des Inländerprinzips vor: Die Einschränkung besteht in der Anwendung des Prinzips allein auf «gleiche» Produkte (auf die Schwierigkeit der Definition der Gleichheit der Produkte hat der letzte Abschnitt hingewiesen). Eine Ausweitung erfährt die Bestimmung insofern, als «auch sonst» («moreover») innere Abgaben oder sonstige Belastungen nicht in einer Weise angewandt werden dürfen, dass sie die inländische Ware bevorzugen. Damit ist, wie *John H. Jackson* anhand der Vertragsverhandlungen 1948 aufzeigt, nicht nur die Schlechterbehandlung der «gleichen», sondern auch der «konkurrierenden» Güter verboten. Ein Land, das selber keine Orangen produziert, handelt danach GATT-widrig, wenn es auf importierten Orangen eine derart hohe interne Abgabe erhebt, dass der Orangenkonsum zusammenbricht und die Konsumierenden auf einheimisches Obst ausweichen müssen (vgl. Jackson (1969), S. 282).

Mit zum Teil gleichen Worten wie das GATT hält auch das TRIPS fest, dass die Mitglieder der WTO «den Staatsangehörigen der anderen Mitglieder eine Behandlung [gewähren], die nicht weniger günstig als diejenige ist, die sie ihren eigenen Staatsangehörigen in Bezug auf den Schutz des geistigen Eigentums gewähren». Es handelt sich um eine Weiterführung des in früheren internationalen Vereinbarungen bereits verankerten Grundsatzes der Gleichbehandlung. Die Pariser Konvention zum Schutz des gewerblichen Eigentums von 1967 hält beispielsweise fest, dass die Angehörigen eines Abkommenspartners in allen Vertragsländern die gleichen Eigentumsschutzrechte geniessen, «welche die betreffenden Gesetze den eigenen Staatsangehörigen gegenwärtig gewähren oder in Zukunft gewähren werden» (SR 0.232.04). Eine ähnliche Formulierung findet sich in der Revidierten Berner Übereinkunft zum Schutz von Werken der Literatur und Kunst von 1971 (SR 0.232.14).

Schliesslich verlangt auch das Dienstleistungsabkommen von seinen Vertragsparteien, die Dienstleistungen und Dienstleistungserbringer der übrigen WTO-Mitglieder nicht schlechter zu behandeln als gleiche Dienstleistungen und deren Erbringer im eigenen Land. Von einer schlechteren Behandlung («less favorable treatment») spricht das Abkommen, wenn die vom Ausland erbrachten Dienstleistungen oder ihre Erbringer wettbewerbsmässig, das heisst in ihrer Konkurrenzposition gegenüber den Dienstleistungen und ihren Erbringern im Inland benachteiligt werden. Analog zum Güterbereich ist bei Dienstleistungen die Frage nach der Gleichheit der Angebote äusserst schwierig zu beantworten. Sie bezieht sich auf die effektiv gleichen sowie die sich substituierenden oder konkurrierenden Leistungen. Wie bereits erwähnt, enthält aber das GATS – im Gegensatz zu GATT und TRIPS – keine generelle Gewährleistung der Inlandgleichbehandlung. Die GATS-Vertragspartner sind nur in jenen Dienstleistungsbereichen an das Inländerprinzip gebunden, in denen sie entsprechende Zugeständnisse in Form von Positivlisten gemacht haben. Bei Dienstleistungen, die nicht auf den Listen aufgeführt sind, bleiben die Vertragsparteien in der Anwendung von Handelshemmnissen zu Gunsten der eigenen Dienstleistungen und ihren Erbringern frei. Im Urteil der WTO haben die von den WTO-Mitgliedern erstellten Listen bis heute nicht zu einer weiteren Marktöffnung im Dienstleistungsbereich geführt. Die Listen tragen lediglich dazu bei, den Status quo zu halten und allenfalls neue Handelshemmnisse zu verhindern. In der WTO-Sprache ist die Rede von «stand-still bindings» (vgl. WTO (2001), S. 102ff.).

Das Inländerprinzip der WTO gilt grundsätzlich nicht für Gesetze, Verordnungen oder sonstige Vorschriften über das öffentliche Beschaffungswesen, das heisst für Handelsgüter, welche die Öffentliche Hand für staatliche Zwecke verwendet und nicht dem Privathandel zuleitet. Das im GATT niedergelegte Inländerprinzip schliesst auch die Gewährung von Subventionen an inländische Produzenten nicht aus. Dasselbe gilt für Subventionen, die aus den Erträgen innerer Abgaben oder sonstiger Belastungen stammen und im Einklang mit den Bestimmungen des GATT erhoben werden, sowie für Subventionen in Form von staatlichen Käufen inländischer Produkte.

§ 4 Das Prinzip der Reziprozität

Ein weiteres spezifisches Merkmal des WTO-Vertragswerks ist das Prinzip der Reziprozität. Dieser im GATT und in der WTO verankerte Grundsatz geht auf das US-Handelsgesetz von 1934 zurück, das in Bezug auf die Aussenhandelspolitik der nach dem Zweiten Weltkrieg diskutierten Neugestaltung der Welthandelsordnung zu Grunde gelegt wurde. Das damalige «Reciprocal Trade Agreements Act» (auch unter dem Namen «Cordell Hull-Program» bekannt) ermächtigte den Präsidenten der Vereinigten Staaten, Zölle auf Importgütern aus jenen Ländern zu reduzieren, die bereit waren, analoge Zollsatzkürzungen («equivalent concessions») auf Produkten aus den USA vorzunehmen.

Im Rahmen des GATT kommt das Prinzip der Reziprozität bei Zollverhandlungen (Art. XXVIIIbis GATT) und beim Ergreifen von Schutzmassnahmen (Art. XIX.3 GATT) zur Anwendung. Die Verhandlungen über das Zollniveau sind in den Worten des GATT auf der «Grundlage der Gegenseitigkeit» («on a reciprocal and mutually advantageous basis») zu führen. «Ausgeglichen» und «gleichwertig» sollen auch jene Massnahmen sein, die zum Schutz gegen eine unvorhergesehene Entwicklung aufgrund eingegangener Verpflichtungen und gemachter Zollzugeständnisse ergriffen werden. Allein von Seiten der wirtschaftlich schwachen Staaten (Entwicklungsländer) erwartet das GATT «keine Gegenleistung» für den Abbau von Zöllen und anderen Handelshemmnissen (Art. XXXVI.8 GATT).

Das Prinzip der Reziprozität findet sich auch im GATS. Die Verhandlungen haben gemäss Art. XIX.1 GATS dazu beizutragen, «die nachteiligen Auswirkungen von Massnahmen auf den Handel mit Dienstleistungen zu vermindern oder zu beseitigen, um einen wirksamen Marktzutritt zu erreichen. Dieser Prozess soll die Interessen aller Beteiligten in einer für alle vorteilhaften Weise fördern und ein insgesamt ausgeglichenes Verhältnis von Rechten und Pflichten schaffen» («securing an overall balance of rights and obligations»). Den unterschiedlichen politischen Zielen und dem Entwicklungsstand der einzelnen GATS-Vertragspartner sei Rechnung zu tragen.

Schliesslich ist das Prinzip der Reziprozität auch im TRIPS enthalten. Die Förderung der technischen Innovation, ihre Vermittlung und Weiterverbreitung hat nach Art. 7 TRIPS «zum gegenseitigen Vorteil für Erzeuger und Nutzer technischen Wissens» auf das Prinzip «ausgeglichener Rechte und Pflichten» («balance of rights and obligations») zwischen den Vertragspartnern abzustellen.

Das Prinzip der Reziprozität wird in der Regel mit folgenden Argumenten verteidigt:

Mit dem Argument der Terms of Trade: Bestehen zwischen zwei Handelspartnern Austauschbeziehungen mit Gütern, deren Zölle die Terms of Trade (Austauschverhältnis, d.h. Exportpreisindex im Vergleich zu Importpreisindex) beeinflussen, können die

Terms of Trade nur durch einen beidseitig gleichartigen Zollabbau unverändert belassen werden. Jedes Land ist daher bestrebt, wenigstens in dem Ausmass der Reziprozität Achtung zu verschaffen, als dadurch die Terms of Trade nicht zu seinem Nachteil verändert werden.

Mit dem Beschäftigungsargument: Jeder Verhandlungspartner ist bestrebt, die aufgrund zusätzlicher Importe freigesetzten Arbeitskräfte durch eine Anhebung des Exports wieder beschäftigen zu können. Diesem Argument kommt vor allem in Zeiten hoher Arbeitslosigkeit (mit hohen staatlichen Sozialverpflichtungen) grosse Bedeutung zu.

Mit dem Zahlungsbilanzargument: Ein Land achtet bei Verhandlungen darauf, seine Zahlungsbilanz zu verbessern oder wenigstens nicht zu verschlechtern, indem die Exporterlöse stärker oder wenigstens nicht weniger stark ansteigen als die Aufwendungen für den Import von Gütern und Dienstleistungen.

Mit dem Verhandlungsargument: Die Verhandlungspartner (besonders die marktmächtigen Partner) nutzen die Möglichkeit, in den Verhandlungen Exportvergünstigungen für Produkte zu fordern, die andernfalls nicht zum Verhandlungsgegenstand erhoben worden wären. Kompensationsgeschäfte dieser Art deuten auf eine merkantilistische Verhaltensweise der Handelspartner hin, eine Verhaltensweise, wie sie im ausgehenden siebzehnten und im achtzehnten Jahrhundert gang und gäbe war.

Mit dem Rechtfertigungsargument: Letztlich haben die Verhandlungsdelegationen vor ihren Regierungen, dem landeseigenen Parlament und dem Souverän zu bestehen. Sie sind daher – wie die Politische Ökonomie aufzeigt – im eigenen Interesse bestrebt, die Verhandlungen nach dem Prinzip des «do ut des» (bzw. «tit for tat») so zu führen, dass Leistungen und Gegenleistungen einander entsprechen, oder wenn möglich zum eigenen Vorteil ausfallen.

Nach dem Prinzip der traditionellen Reziprozität gemäss GATT 47 beziehen sich die Verhandlungen allein auf gegenseitig gleichwertige und ausgeglichene Zugeständnisse, ohne dabei die Höhe des Schutzniveaus eines Landes in Frage zu stellen. In der GATT-Sprache ist die Rede von «mutually balanced lists» und «equivalent concessions». Die Kennedy-Runde beispielsweise verlangte eine gegenseitige Zollreduktion von bis zu 50 Prozent des bestehenden Zollniveaus. Länderweise unterschiedliche Zollniveaus konnten beibehalten werden.

Im Gegensatz zur traditionellen Verhandlungsweise macht sich seit gut drei Jahrzehnten sowohl in den USA («regular 301», «super 301» und «special 301» der US-Handelsgesetze von 1974, 1984 und 1988) als auch in der EU (mit der Verordnung 2641/84) eine neue Verhandlungsstrategie bemerkbar. Unter dem Begriff «fairer» Handel fordern die beiden Parteien von ihren Handelspartnern die gleichen Marktzutrittsbedingungen, die sie selber den Handelspartnern gewähren. Die Gegenseitigkeit bezieht sich somit nicht auf das jeweilige Verhandlungszugeständnis, sondern auf die Gleichheit des Marktzutritts im Allgemeinen. Die in den USA und in der EU geschaffenen Gesetze ermächtigen die US-Regierung beziehungsweise die EU-Kommission, die adäquate Marktöffnung mit Hilfe angemessener Druckmittel unilateral zu erzwingen. In der Fachliteratur ist diese Verhandlungsweise unter der Bezeichnung «aggressive Reziprozität» bekannt geworden. Das in der Uruguay-Runde abgelegte Bekenntnis zur traditionellen Reziprozität hat in den Folgejahren die aggressive Reziprozität nicht einzudämmen vermögen.

Aus ökonomischer Sicht ist darauf hinzuweisen, dass die reziproke Verhandlungsweise einer marktwirtschaftlichen Handelsordnung widerspricht. Das Prinzip der Reziprozität erlaubt den markmächtigen Handelspartnern, ihre eigenen Markt- und Handelsinteressen auf Kosten schwächerer Partner durchzusetzen (vgl. Gurbaxani (2000), S. 165). Eine marktwirtschaftliche Welthandelsordnung, die auf den Wettbewerb als primäres Koordinierungsprinzip der Wirtschaft abstellt, hat sich nicht der Reziprozität zu bedienen. Als Deutschland in den fünfziger Jahren autonom, das heisst ohne jede Gegenleistung von Seiten der Handelspartner die Zölle reduzierte, meinte der damalige deutsche Wirtschaftsminister *Ludwig Erhard*, dass das, «was prinzipiell richtig ist, nicht einer Gegenleistung der Handelspartner bedarf, um verwirklicht zu werden [...]» (Erhard (1957), S. 339; vgl. auch Senti (2005), S. 315ff.).

§ 5 Der Abbau der Handelshemmnisse

Ein gemeinsames Merkmal der heute geltenden Welthandelsordnung ist der Abbau von Handelshemmnissen. Die Zölle sind zu reduzieren und die nichttarifären Handelshemmnisse völlig zu beseitigen. Diese Asymmetrie in der Beseitigung der Handelshemmnisse wird unterschiedlich erklärt: Ein Argument geht dahin, dass jedem Land das unbestrittene Recht zustehen soll, seine eigenen Interessen zu schützen. Der Schutz habe aber über möglichst transparente Massnahmen zu erfolgen. Dies treffe für die Zölle in stärkerem Masse zu als für nichttarifäre Handelshemmnisse, die in Form mengenmässiger Einschränkungen, administrativer Schikanen, monetärer Vorschriften usw. der Willkür einer jeden Verwaltung Tür und Tor öffnen. Die einseitige Ausrichtung des GATT auf die Zölle ist eventuelle auch aus historischer Sicht zu erklären. Mit dem Beibehalten der Zölle bei gleichzeitiger Beseitigung der nichttarifären Handelshemmnisse wollte man die «golden days before World War I», als die Zölle in der Regel noch die einzigen Handelshemmnisse bildeten, wieder auferstehen lassen. Die nichttarifären Handelshemmnisse erinnerten zu sehr an die aussenhandelspolitisch trüben Zeiten des Ersten Weltkriegs und der Weltwirtschaftskrise, als die Importe über alle erdenklichen Restriktionen verhindert wurden. Schliesslich waren sich die Gründer der neuen Welthandelsordnung auch bewusst, dass einzelnen Staaten nicht bereit waren, sämtliche Zölle abzubauen. Das gleiche galt zwar auch für die nichttarifären Handelshemmnisse, jedoch mit dem Unterschied, dass sich die Handelspartner beim Belassen der nichttarifären Handelshemmnisse der Unmöglichkeit einer gegenseitigen Kontrolle bewusst waren.

Auch wenn die Unterscheidung zwischen tarifären und nichttarifären Handelshemmnissen in der Literatur und den Handelsverhandlungen Eingang gefunden hat und aus dem Arsenal der aussenhandelspolitischen Terminologie nicht mehr wegzudenken ist, muss man sich doch bewusst bleiben, dass eine Unterteilung der Handelshemmnisse nach dem Kriterium der Tarifzugehörigkeit weder formalrechtlich noch in Bezug auf die Auswirkungen auf den Aussenhandel sinnvoll ist. Für den Importeur ist es irrelevant, ob die an der Grenze zu entrichtende Abgabe in Form eines Zolls oder einer Steuer, als Preiszuschlag oder Pflichtlagergebühr, als Importdepotbeitrag oder Verwaltungsabgabe usw. erhoben wird. Dass sich aber diese begriffliche Unterscheidung – vor allem seit der Kennedy-Runde – durchgesetzt hat, ist darauf zurückzuführen, dass die Zölle wegen der vereinheitlichten Produktklassierung in den Zolltarifen und der mehrheitlich übereinstimmenden Berechnungsmethode relativ transparent und einfach verhandelbar sind. Unterschiedliche Steuersysteme, Preiszuschläge, Normen- und Verfahrensvorschriften miteinander zu vergleichen und in Verhandlungen auf einen gemeinsamen Nenner zu bringen, ist hingegen ausserordentlich schwierig.

Die folgenden Ausführungen treten auf die Reduktion der Zölle und anschliessend auf die Beseitigung der nichttarifären Handelshemmnisse ein.

1. Die Reduktion der Zölle

In Art. XXVIIIbis GATT anerkennen die Vertragspartner, «dass Zölle den Handel oft erheblich behindern; von grosser Bedeutung für die Ausweitung des internationalen Handels sind daher [...] Verhandlungen, die eine wesentliche Herabsetzung des allgemeinen Niveaus der Zölle und sonstiger Eingangs- und Ausgangsabgaben [...] bezwecken». Was versteht das GATT unter Zöllen? Welche Bewandtnis hat es mit den Listen?

Das GATT fasst den Begriff «Zölle» verbal insofern weit, als der Vertragstext stets von «Zöllen und sonstigen Abgaben» spricht und darunter alle Grenzabgaben zwischen den Vertragsparteien und zwischen den GATT-Vertragsparteien und Drittparteien versteht. In Wirklichkeit aber hat sich das GATT bisher fast ausschliesslich mit den in den Tarifen aufgeführten Zöllen befasst, ohne auf die «sonstigen Abgaben» einzutreten.

Von der Reduktion ausgenommen hat das GATT die Fiskalzölle. Gemäss GATT darf eine Vertragspartei die Importe mit einer den inneren Abgaben gleichwertigen Belastung belegen, vorausgesetzt, diese Belastung wird so angewandt, dass die einheimischen Produkte nicht in irgendeiner Weise bevorzugt werden. Fiskalabgaben bestehen in einzelnen Ländern auf Treibstoffen (Benzin und Dieselöl) und Autos. Eine weitere Ausnahme bilden die vom GATT erlaubten Antidumpingabgaben und subventionsbezogenen Ausgleichsabgaben sowie die Gebühren und anderen Belastungen, die den Kosten erbrachter Dienstleistungen entsprechen.

Die Zölle standen in den bisherigen GATT-Handelsrunden stets im Mittelpunkt des Interesses. Betrug das gewogene durchschnittliche Zollniveau der Industrieprodukte (Vergleich der Zolleinnahmen zum Importwert) zu Beginn der fünfziger Jahre zwischen 40 und 50 Prozent, sank es im Verlauf der acht GATT-Handelsrunden auf 3.9 Prozent. Besonders niedrig sind gegenwärtig die Importzölle mit 1 bis 2 Prozent auf Holz, Papier, Möbeln, Metallen und nichtelektrischen Apparaten. Elektrische Apparate, Chemikalien und Pharmazeutika weisen Zölle von 2 bis 3.5 Prozent auf. Noch relativ hohe Belastungen erfahren Leder und die Lederwaren mit ca. 7 Prozent und die Textilien und die Bekleidung mit durchschnittlich etwa 12 Prozent. Nach wie vor sehr hoch sind die Importzölle (oft gekoppelt mit Zollkontingenten) auf den Agrarprodukten: über 100 Prozent in Norwegen und Indien, 30 bis 80 Prozent in den Ländern Lateinamerikas, etwas über 50 Prozent in der Schweiz, ca. 20 Prozent in der EU und gut 10 Prozent in Japan (Schätzungen und Berechnungen der OECD, in: WTO (2001), S. 3 und 49f.; bei den Agrarzöllen handelt es sich um arithmetische Durchschnitte). Mit der Uruguay-Runde stieg der Anteil der zollfreien Positionen von etwa 20 auf rund 40 Prozent aller Zolllinien.

Die Zolltarife der Industriestaaten weisen in der Regel eine so genannte Eskalation auf, das heisst die unverarbeiteten Güter und Grundprodukte sind zollfrei oder werden mit nur niedrigen Zöllen belastet, wogegen die Zölle der Importgüter mit zunehmender Verarbeitung und Werthinzufügung ansteigen. Die Zollbelastung trifft somit in erster Linie die erfolgte Werthinzufügung im Ausland und schützt die Verarbeitungsindustrie im Importland. Keine Zolleskalation würde vorliegen, wenn die Importe von Rohstoffen zum gleichen Satz wie die Halb- und Fertigfabrikate verzollt würden. Obwohl die Entwicklungsländer in der Uruguay-Runde stets darauf hingewiesen haben, dass die in den Industriestaaten bestehende Zolleskalation die Industrialisierung in den wirtschaftlich schwachen Staaten hemme und den versprochenen Technologietransfer der Industriestaaten nach der Dritten Welt illusorisch mache, ist es im Verlauf der Uruguay-Verhandlungen nicht gelungen, die nach Verarbeitungsstufe unterschiedliche Zollbelastung gänzlich aufzuheben. Der Widerstand der Binnenwirtschaft der Industriestaaten gegen eine Öffnung der Grenzen für be- und verarbeitete Produkte war zu stark. Gegenwärtig liegen die durchschnittlichen Rohproduktzölle der Industriestaaten bei etwa 0.8 Prozent der Importwerte, gegenüber den Zöllen für Halbfertigfabrikate von 2.8 und denjenigen für Fertigprodukte von 6.2 Prozent (GATT (1994), S. 11).

Übersicht 8: Zollbelastung 1947 bis 1993

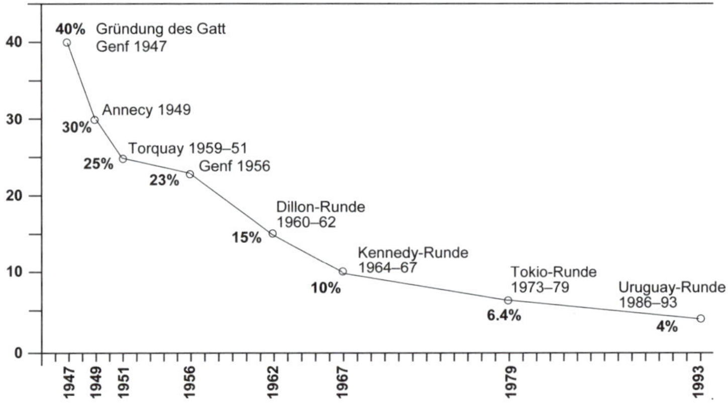

Quelle: BBl 1994 IV 134 (mit Verweis auf GATT).

Übersicht 9: Zollreduktion während der Uruguay-Runde

Produktgruppen	Importwert in Mrd. $	vor UR	nach UR	Reduktion
Alle Industrieprodukte	736.9	6.3	3.9	38
Holz, Papiermasse, Möbel	40.6	3.5	1.1	69
Metalle	69.4	3.7	1.5	59
Elektrische Geräte	86.0	6.6	3.5	47
Chemische Produkte	61.0	6.7	3.9	42
Fisch- und Fischprodukte	18.5	6.1	4.5	26
Transportmittel	96.3	7.5	5.8	23
Textilien und Bekleidung	66.4	15.5	12.1	22
Leder- und Gummiwaren	31.7	8.9	7.3	18

Quelle: GATT (1994), S. 11

Das GATT in seiner ursprünglichen Form war bis zu einem gewissen Grad ein Dokument der Ergebnisse der Zollverhandlungen. Die Zollzugeständnisse wurden in Listen festgehalten und die Listen beim GATT-Sekretariat hinterlegt. Die beim GATT deponierten Zölle sind «gebunden» (konsolidiert) und können in der Folge nur noch gesenkt, jedoch nicht ohne neue Verhandlungen angehoben und «entbunden» (dekonsolidiert) werden. Die Verhandlungen sind mit jenen Handelspartnern zu führen, mit denen seinerzeit die Zollsenkungen ausgehandelt wurden. Der Bindungsgrad der Zölle für Industrieprodukte der Industriestaaten stieg während der Uruguay-Runde von 78 auf 99 Prozent (handelsgewogen von 94 auf 99%), derjenige der Entwicklungsländer von 22 auf 72 Prozent (14 auf 59%) und derjenige der östlichen Reformländer von 73 auf 98 Prozent (74 auf 96%). Die Entwicklungsländer werden zurzeit vom WTO-Sekretariat kritisiert, die Zölle über dem Niveau der faktischen Zölle zu binden, um weiterhin über einen Spielraum von autonomen Zollerhöhungen zu verfügen. Erfolgreich war die Uruguay-Runde im Agrarhandel mit einer Zollbindung von 100 Prozent (vgl. GATT (1994), S. 7ff.). Für die zwischenstaatlichen Handelsbeziehungen ist wichtig festzuhalten, dass die Meistbegünstigung auch für die nicht gebundenen Tarife gilt.

In der Uruguay-Runde haben sich die Vertragsparteien darauf geeinigt, neben den Zöllen auch die «anderen Abgaben und Belastungen» (insbesondere die Zollkontingente) zu binden. Diese Bindung soll verhindern helfen, den Abbau des Zollschutzes über die Anhebung der nichttarifären Handelshemmnissen zu kompensieren. Die in der Uruguay-Runde ausgehandelten und in Genf hinterlegten Zolllisten traten gleichzeitig mit der WTO am 1. Januar 1995 in Kraft. Gemäss GATT haben die Vertragspartner die Möglichkeit, ihre Zugeständnisse alle drei Jahre neu auszuhandeln. Die Verhandlungen sind, analog zur Dekonsolidierung von Zöllen im allgemeinen, mit jenen Handelspartnern zu führen, mit denen die seinerzeitige Zollsenkung vereinbart wurde.

2. Die Beseitigung der nichttarifären Handelshemmnisse

Art. III, VIII und XI GATT verlangen die Beseitigung der nichttarifären Handelshemmnisse. Auf den Tagesordnungen der früheren GATT-Verhandlungen ist deren Beseitigung aber nicht zu finden. Ihre Heterogenität liess gemeinsame Verhandlungen als undurchführbar erscheinen. Einen Überblick über die Vielfalt dieser Art von Hemmnissen gibt das in den sechziger und siebziger Jahren vom GATT-Sekretariat aufgestellte Inventar der nichttarifären Handelshemmnisse.

Übersicht 10: Auflistung nichttarifärer Handelshemmnisse

Gruppe I

Subventionen
Staatshandel
Regierungskäufe
Wettbewerbsbeschränkungen

Gruppe II

Konsularformalitäten
Zollwertbestimmungen
Antidumpingzölle
Zollformalitäten und Zolltarifizierung

Gruppe III

Industrie-, Gesundheits-, Sicherheits- und andere Normen
Verpackung, Etikettierung und Ursprungsangaben

Gruppe IV

Mengenmässige Beschränkungen und Importlizenzen
Embargos und andere Beschränkungen
Filmkontingente
Diskriminierung aufgrund bilateraler Verträge
Massnahmen zur Regulierung inländischer Preise
Devisenkontrollen und Exporteinschränkungen

Diskriminierung bezüglich Lieferanten Zollkontingente und andere Beschränkungen **Gruppe V** Zusatzabgaben, Hafen- und statistische Gebühren Grenzausgleichssteuern Diskriminierende Filmsteuern Vorherige Einfuhrdepots Veränderliche Abschöpfungen Diskriminierende Kreditbeschränkungen Notstandsmassnahmen

Quelle: Presse- und Informationsdienst der deutschen Bundesregierung, Nr. 43 vom 22.4.1974.

Berechnungen über das Ausmass der protektionistischen Wirkung der nichttarifären Handelshemmnisse sind äusserst schwierig, wenn nicht unmöglich, weil viele Arten von Massnahmen wie Leistungssysteme (Übernahmezwang von einheimischen Produkten), Normenvorschriften in der Maschinenindustrie und im Bauwesen, Anerkennung von Berufsabschlüssen und Diplomen sowie administrative Schikanen an der Grenze quantitativ nicht erfassbar sind. Indessen musste im Verlauf der GATT-Geschichte des letzten halben Jahrhunderts festgestellt werden, dass in den Industriestaaten die Bedeutung der nichttarifären Handelshemmnisse sowohl relativ als auch absolut zugenommen hat, relativ im Vergleich zu den in den GATT-Runden vorgenommenen Zollreduktionen (Anteil der nichttarifären Handelshemmnisse am Total des Protektionismus bei rückläufigen Zöllen), absolut als Folge der Einführung neuer nichttarifärer Massnahmen. Zu erwähnen sind in diesem Zusammenhang vor allem die in den 1960er und 1970er Jahren abgeschlossenen so genannten «freiwilligen» Selbstbeschränkungsabkommen im Agrar-, Textil-, Bekleidungs- und Stahlbereich (Ergebnisse einer empirischen Untersuchung über die nicht-tarifären Handelshemmnisse für die USA finden sich in: Baldwin (1970), S. 163 ff.).

Eine erste GATT-Vereinbarung über nichttarifäre Handelshemmnisse war der Antidumpingkodex von 1967. In der Tokio-Runde entstanden die Abkommen über die Zollwerterfassung, die Lizenzen und die Standardvorschriften. Die Vereinbarungen über Subventionen, das öffentliche Beschaffungswesen und die technischen Handelshemmnisse verabschiedete der Verhandlungsausschuss im Jahr 1979.

Die Beseitigung der nichttarifären Handelshemmnisse war schliesslich ein besonderes Anliegen der Uruguay-Runde. Das Verhandlungsergebnis lässt sich nicht wie bei Zöllen in Listen zusammenfassen, sondern findet seinen Niederschlag im Einbezug der grenzüberschreitenden Dienstleistungen und der handelsrelevanten Aspekte der geistigen Eigentumsrechte sowie in der weiteren Ausgestaltung der Antidumping-, Subventions- und Agrarhandelsbestimmungen. Von Bedeutung ist in diesem Zusammenhang, dass diese Zusatzabkommen, ausgenommen diejenigen über den Handel mit zivilen Luftfahrzeugen und das öffentliche Beschaffungswesen, nicht mehr fakultativer Natur sind, sondern alle WTO-Mitglieder verpflichten.

§ 6 Die Entwicklungsländer

Im Jahr 1948 hatten 13 Industriestaaten und 10 Entwicklungsländer das GATT unterzeichnet. Viele wirtschaftlich schwache Staaten wiesen damals noch den Status «Kolonie» auf und waren als unselbständige Staatsgebiete nicht legitimiert, einer internationalen Vereinbarung anzugehören. Heute machen die Industriestaaten zahlenmässig rund einen Viertel und die Entwicklungsländer etwa drei Viertel der WTO-Mitglieder aus (wobei die Abgrenzung, wie bereits gesagt, nicht immer einfach ist). Auf die Industriestaaten der WTO entfallen über 80 Prozent des Welthandels mit Gütern und Dienstleistungen.

Der Interessenkonflikt zwischen Nord und Süd machte sich bereits 1947/48 bei der Ausarbeitung der Havanna-Charta und später bei der Fortschreibung des GATT bemerkbar. In Havanna kam es zu einer lang anhaltenden Kontroverse über die Präferenzen zu Gunsten der wirtschaftlich schwachen Staaten. Entgegen dem allgemeinen Trend, einseitige Zollvergünstigungen abzubauen, setzten sich die Entwicklungsländer für das Recht auf Präferenzvereinbarungen zwischen den wirtschaftlich schwachen Staaten ein. Die USA und Grossbritannien widersetzten sich dieser Forderung mit dem Argument, es sei unlogisch, die bestehenden Freihandelszonen aufheben, um gleichzeitig neue Präferenzräume und Ausnahmen vom mfn-Prinzip durchsetzen zu wollen. Die Diskussion ging im Sinne der Entwicklungsländer aus. Die Präferenzerlaubnis wurde in die Havanna-Charta aufgenommen (Art. 15), teilte aber in den folgenden Jahren das Schicksal der Charta, dass sie nicht in Kraft trat. Zu einer erneuten Entwicklungsdiskussion kam es im Rahmen des GATT in den 1950er Jahren. Eine Analyse der wirtschaftlichen Lage der armen Länder (Haberler-Bericht 1958) führte im Jahr 1966 zur Erweiterung des GATT um den IV. Teil «Handel und Entwicklung». Dieser Teil ist die rechtliche Grundlage des 1971 beschlossenen Allgemeinen Präferenzsystems (Generalized System of Preferences, GSP) und der 1979 in Kraft getretenen Ermächtigungsklausel (Enabling Clause), die Basis der heute gewährten Präferenzen zu Gunsten der Entwicklungsländer. In der Uruguay-Runde wurden die im Verlauf der Jahrzehnte den Entwicklungsländern zugestandenen Begünstigungen auf das gesamte WTO-Vertragswerk übertragen, das heisst auf das GATS, das TRIPS und die Sonderabkommen.

1. Die Sonderbestimmungen des GATT

Im Rahmen des GATT sind vor allem drei Arten von Sonderbestimmungen zu Gunsten der Dritten Welt zu erwähnen, Teil IV des GATT, das Allgemeine Präferenzensystem (Generalized System of Preferences, GSP) und die Ermächtigungsklausel (Enabling clause) sowie die Ausnahmen in den Zusatzabkommen des GATT.

Der IV. Teil des GATT trat unter dem Titel «Handel und Entwicklung» am 27. Juni 1966 in Kraft. Er besteht aus drei Abschnitten: Der erste Abschnitt (Art. XXXVI GATT) bestätigt, dass die Verwirklichung der GATT-Ziele für die weniger entwickelten Vertragsparteien besonders dringend und der Ausfuhrerlös für die wirtschaftliche Entwicklung dieser Länder von lebenswichtiger Bedeutung sei. Mit dieser (nicht sehr neuen) Erkenntnis kommen die GATT-Vertragsparteien zum Schluss, es müssten konstruktive Anstrengungen unternommen werden, um die Entwicklungsländer am Wachstum des Welthandels teilhaben zu lassen. In diesem Sinne sei gegenüber den Entwicklungsländern auf das Prinzip der Reziprozität zu verzichten. Im zweiten Abschnitt (Art. XXXVII GATT) werden die Industrieländer aufgefordert, im «grösstmöglichen Umfang, das heisst soweit nicht zwingende Gründe [...] dem entgegenstehen» von einer unangemessenen Zolleskalation abzusehen, sowie die Zölle, die nichttarifären Handelshemmnisse und die Steuern nicht zu Lasten der Entwicklungsländer anzuheben. Der dritte Abschnitt (Art. XXXVIII GATT) schliesst mit einer allgemein gehaltenen Aufzählung von gemeinsamen Massnahmen wie zum Beispiel der Verbesserung des Marktzutritts zu Gunsten der Entwicklungsländer. Insgesamt sind die materiellrechtlichen Bestimmungen des vierten Teils des GATT dürftig. Sie geben aber ein Stimmungsbild der Diskussion wieder, die in den folgenden Jahren die Regelung der Entwicklungspräferenzen einleitete.

Bereits während der Ausarbeitung des Teils IV des GATT verlangten mehrere Nicht-Industriestaaten (u.a. Brasilien, Chile und Indien) eine Neufassung des Art. I GATT in dem Sinne, dass die Entwicklungsländer vom mfn-Prinzip gänzlich auszunehmen seien. Aus dieser Zeit stammt auch das erste Präferenzabkommen zwischen Indien, Ägypten (damals «Vereinigte Arabische Republik») und Jugoslawien, das vom GATT 1968 in Form eines «waiver» für eine Zeitspanne von fünf Jahren gebilligt wurde. Ein weiteres Präferenzabkommen zwischen 16 Entwicklungsländern folgte im Jahr 1973. Aber auch wirtschaftlich fortgeschrittene Staaten wie beispielsweise Australien verlangten eine Ermächtigung zur Gewährung von Präferenzen. Um ein Ausbrechen aus dem GATT zu verhindern, entschloss sich das GATT im Jahr 1971 zu dem von der UNO-Konferenz für Handel und Entwicklung (United Nations Conference on Trade and Development, UNCTAD) vorgeschlagenen Allgemeinen Präferenzensystem. Zwischen den drei Alternativen (1) fallweise Gewährung von zeitlich begrenzten Ausnahmen, (2) Aufnahme der Präferenzen in das GATT und (3) Gewährung von Präferenzen durch einstimmige Erklärung («unanimous declaration») entschied sich das GATT für das System der Gewährung von zeitlich begrenzten Ausnahmen («waivers»).

Die «waiver-Lösung» befriedigte indessen nicht. Sie bot den Handelspartnern keine längerfristige Rechtssicherheit. In der Tokio-Runde kam es zu erneuten Verhandlungen. Gegen den Widerstand mehrerer GATT-Partner entschieden sich die VERTRAGSPARTEIEN im Herbst 1979 für die so genannte Ermächtigungsklausel, die besagt, dass die Industriestaaten den Entwicklungsländern eine «differenzierte und günstigere Behandlung» gewähren dürfen, ohne dadurch gegen das Meistbegünstigungsprinzip zu verstossen. Welche Länder heute in welchem Ausmass von den Präferenzen profitieren, ist schwierig zu beurteilen. Unter Ausschluss von Erdöl und Erdölprodukten sowie den «sensiblen» Produkten Textilien und Agrargüter entfallen in den Industriestaaten, wie bereits weiter oben erwähnt, 2.5 bis 3.5 Prozent der gesamten Importe von gewerblichen und industriellen Gütern auf präferenzierte Erzeugnisse. Aus der Sicht der Industriestaaten mag dieser Anteil bescheiden wirken. Für die Dritte Welt macht der begünstigte Exportanteil schätzungsweise zwischen 15 und 20 Prozent der totalen Exportwerte aus und ist somit ein nicht unerheblicher Handelsanteil.

In den Zusatzabkommen des GATT wird die schwierige Lage der Entwicklungsländer verschiedentlich angesprochen. So weist das Antidumpingabkommen darauf hin, dass bei der Erwägung von Antidumpingmassnahmen «die spezifische Lage der Entwicklungsland-Mitglieder besonders in Betracht» zu ziehen sei. Das Zollwertabkommen erlaubt den neu beitretenden Entwicklungsländern Übergangsfristen von bis zu fünf Jahren (im Gegensatz zum seinerzeitigen unmittelbaren Inkrafttreten für die Industriestaaten). Auch das Subventionsabkommen spricht von einer «besonderen und differenzierten Behandlung» der Drittweltländer. Das Agrarabkommen, um ein letztes Beispiel zu erwähnen, verpflichtet die Vertragspartner, «bei der Durchführung ihrer Marktzutrittsverpflichtungen die besonderen Bedürfnisse und Bedingungen der Entwicklungsländer voll in Betracht [zu] ziehen, indem sie für eine weitergehende Verbesserung der Zutrittsmöglichkeiten [...] sorgen».

2. Die Regelungen des GATS

Das GATS verfolgt das Ziel, eine multilaterale Regelung des Dienstleistungshandels zur «Förderung des Wirtschaftswachstums aller Handelspartner sowie der Weiterentwicklung der Entwicklungsländer zu schaffen». Über die Stärkung «ihrer Dienstleistungskapazität, ihrer Effizienz und Wettbewerbsfähigkeit» möge die «Beteiligung der Entwicklungsländer am Handel mit Dienstleistungen und die Ausweitung ihrer Dienstleistungsausfuhren» erleichtert werden. Auch sollen «schwerwiegende Probleme der am wenigsten entwickelten Länder eine besondere Berücksichtigung erfahren». Zudem ermächtigt das GATS die Entwicklungsländer, zur Erreichung ihrer nationalen politischen Ziele die Erbringung von Dienstleistungen in ihrem Hoheitsgebiet selber regeln und neue Vorschriften hierfür einführen zu dürfen (Präambel des GATS). Die Erwähnung von Entwicklungs-Sonderbestimmungen erübrigt sich, da beim Inkrafttreten des Vertrags die Industriestaaten wie die Drittweltländer das Recht in Anspruch nehmen durften, das Ausmass des Meistbegünstigungs- und Inländerprinzips in Form von Listen selber zu bestimmen. Die Entwicklungsländer haben von diesem Recht vor allem in den Bereichen See- und Landverkehr, Post-, Banken- und Versicherungswesen sowie Unternehmungsführung Gebrauch gemacht (vgl. WTO (2001), S. 101ff.).

3. Die TRIPS-Bestimmungen

Es waren die Industriestaaten, die im Rahmen der Uruguay-Runde eine Regelung der handelsrelevanten Aspekte der geistigen Eigentumsrechte zur Bekämpfung der Produktpiraterie sowie zur Förderung ihrer eigenen Forschung und Entwicklung verlangten. Eine internationale Ordnung der geistigen Eigentumsrechte, so die Industrieländer, gereiche aber nicht nur den wirtschaftlich starken, sondern auch den Drittweltstaaten zum Vorteil, weil dadurch die Direktinvestitionen in und der Technologietransfer nach diesen Ländern sicherer würden. Die Entwicklungsländer sprachen sich vorerst gegen eine internationale Vereinbarung über geistige Eigentumsrechte aus, teils weil sie nur wenige geistige Eigentumsrechte zu schützen hatten, teils weil sie sich vor künftigen Zahlungen für Lizenzen fürchteten. Schliesslich gaben die Entwicklungsländer den Forderungen der Industriestaaten nach, um über eine gemeinsame Problemlösung der Gefahr unilateraler US- und EU-Vorschriften zuvorzukommen und um bisherige GATT-Zugeständnisse nicht in Frage zu stellen.

Für die Entwicklungsländer ist der ihnen im Juni 2002 gewährte «TRIPS-waiver» von Bedeutung. Der «waiver» entbindet die wirtschaftlich schwachen Länder bis zum Jahr 2016 von der Einhaltung der Patent- und Informationsbestimmungen des TRIPS. Mit dieser Ausnahme anerkennen die WTO-Mitglieder die grossen

Probleme, die den Entwicklungsländern aus HIV/Aids, Tuberkulose, Malaria und anderen Epidemien erwachsen. Zudem erlangten die Entwicklungsländer am 30. August 2003 einen «interim waiver». Diese Ausnahme steht bis zum Abschluss der vorgesehenen TRIPS-Revision in Kraft, um zu diesem Zeitpunkt in die Neufassung des TRIPS aufgenommen zu werden. Die zugestandene Ausnahme sieht vor, dass die Entwicklungsländer ihrer Pharmaindustrie Zwangslizenzen zur Produktion von Medikamenten für andere Entwicklungsländer, die über keine Pharmafirmen verfügen, gewähren dürfen. Damit wird Art. 31(f) TRIPS aufgehoben, wonach die Zwangslizenzen «vorwiegend für die Versorgung des Binnenmarkts» zu benutzen sind.

4. Die anhaltende Konfliktsituation

Ungeachtet der einzelnen Zugeständnisse von Seiten der Industriestaaten besteht zwischen Nord und Süd eine weiterhin anhaltende Konfliktsituation. Die Entwicklungsländer (die lateinamerikanischen Staaten als Anbieter von Fleisch und Getreide sowie die afrikanischen und asiatischen Staaten in den Bereichen Früchte und Gemüse) verlangen von den Industriestaaten die weitere Öffnung des Agrarmarkts. Die Industriestaaten verschliessen sich diesen Forderungen aus binnenpolitischen Erwägungen. Sie sind nicht bereit, ihren bisherigen Agrarschutz aufzugeben. Die Ministerkonferenz von Doha (2001) rückte die Handelsprobleme der Entwicklungsländer verstärkt in den Mittelpunkt künftiger Verhandlungen, jedoch ohne konkrete Vorschläge und Zugeständnisse zu machen. Auf die Kritik der Dritten Welt, die Industrieländer hätten an die 100 in den GATT-Runden gemachte Versprechen nicht eingelöst, reagierte der Allgemeine WTO-Rat mit der Erstellung einer Liste der «Implementation-Related Issues and Concerns» und beauftrage einen Ausschuss, sich dieser Sache anzunehmen. Konkrete Ergebnisse liegen bis heute (März 2009) nicht vor.

§ 7 Der Schutz der Umwelt

Art. XX(b) und (g) GATT erlauben, «notfalls Massnahmen zum Schutz des Lebens und der Gesundheit von Menschen, Tieren und Pflanzen» sowie «Massnahmen zur Erhaltung erschöpfbarer Naturschätze» zu ergreifen. Darüber hinaus hat sich das GATT in seiner fünfzigjährigen Geschichte mit Umweltschutzfragen im heutigen Sinne kaum befasst.

Dass der Erlaubnistatbestand der allgemeinen Ausnahmen des GATT und die möglichen Ausnahmezugeständnisse («waivers») zur Lösung der Umweltprobleme nicht ausreichen, belegen die vielen Streitschlichtungen im GATT und in der WTO. Dabei standen beispielsweise folgende Fragen zur Diskussion: Dürfen Tunfischimporte aus einem Land verboten werden, wenn das Lieferland die Meeresgewässer überfischt und damit zur «Erschöpfung natürlicher Ressourcen» beiträgt? Ist einem Land erlaubt, Erdöl und Erdölprodukte mit einer Sonderimportsteuer zu belasten, um mit deren Erträgen die durch Giftabfälle verseuchten Gebiete zu reinigen? Dürfen ausländische Zigaretten an der Grenze zusätzlich belastet werden mit dem Argument, die ausländischen Raucherwaren seien gesundheitsschädigender als die einheimischen? Ist ein Importverbot von Tunfischen und Tunfischprodukten angemessen, wenn das Lieferland die Fische mit Schleppnetzen fängt, welche den Delfinen zum Verhängnis werden?

Massnahmen zum Schutz extraterritorialer Umweltgüter sind nach früherem GATT-Recht nicht zulässig gewesen. Im Handelskonflikt Tunfisch-Delfine I von 1991 untersagte das GATT den USA das Erlassen von Importverboten für Tunfische aus Ländern, deren Fangmethoden den «Zufang» von Delfinen nicht auf eine vorgegebene Anzahl beschränkten. Die USA hätten nicht das Recht, ausserhalb ihres eigenen Hoheitsgebiets («outside its jurisdiction») rechtsbestimmend zu wirken. Der US-Tunfisch-Delfin-Fall II 1994 revidierte den früheren Panelentscheid dahin, dass Art. XX(b) GATT keine geographische Einschränkung des

Schutzes von Umweltgütern enthalte. Das GATT sprach im zweiten Entscheid somit «eher für als gegen die Zulässigkeit von Massnahmen zum Schutz extraterritorialer Umweltgüter» (Diem (1986), S. 131). Das Ergreifen von Massnahmen zum Schutz extraterritorialer Umweltgüter setze aber deren Notwendigkeit voraus, das heisst es dürften keine weniger GATT-widrigen Massnahmen zur Verfügung stehen (zur Extraterritorialität der Umweltschutzmassnahmen vgl. Senti (2000), Rz. 703ff.).

In der WTO-Vereinbarung finden sich Umweltbezüge in der Präambel («optimale Nutzung der Ressourcen der Welt», «nachhaltige Entwicklung» zur Erhaltung der Umwelt), im Agrarabkommen (Anhang 2: erlaubte Zahlungen für Umweltschutzprogramme), im SPS-Abkommen (Art. 6: Erhaltung von Schutzzonen), im Abkommen über technische Handelshemmnisse (Art. 2.2: Ausnahmen zum Schutz der Umwelt) und im Abkommen über die Subventionen (Art. 8.2.(c): «Anpassung bestehender Einrichtungen an [...] Umwelterfordernisse»). Ähnliche Hinweise finden sich im GATS (Art. XIV(b): Schutz des Lebens und der Gesundheit) und im TRIPS (Art. 27.2: Schutz des Lebens und der Gesundheit).

Traditionelle «Freihändler» vertreten die These, das oberste Ziel der WTO sei ein möglichst freier und offener Weltmarkt. Die Umweltschutzanliegen müssten dem Freihandel untergeordnet werden. Die Umweltschützer hingegen räumen dem Umweltschutz Priorität ein und unterstellen den Handel dem Umweltschutz. Die künftige Aufgabe der WTO wird es sein, einen gangbaren Weg zwischen Freihandel und Umweltschutz zu finden und zu gehen. Dabei stellt sich die Frage, ob dieser Weg über eine flexiblere Interpretation der bestehenden WTO-Regeln führt, oder ob die WTO-Bestimmungen entsprechend zu ändern sind. Im Umfeld der WTO scheint gegenwärtig die Meinung vorzuherrschen, der geltende Rechtsrahmen genüge den anstehenden Problemen (vgl. Senti (2006), S. 45ff.; Diem (1996), S. 188).

4. Teil: Das Allgemeine Zoll- und Handelsabkommen (GATT)

Die GATT-Regeln beziehen sich auf den Handel mit «Waren», «Gütern», «Erzeugnissen» und «Produkten», ohne diese Begriffe näher zu definieren. Da das GATT aber verschiedentlich auf die so genannten Listenprodukte verweist, die Listen jedoch nur Güter der nationalen Zolltarife enthalten, ist anzunehmen, dass alle jene Güter und Produkte, die in einem nationalen Zolltarif aufgeführt sind, unter die GATT-Bestimmungen fallen.

Der internationale Güterhandel hat sich in den letzten fünfzig Jahren je nach Produktbereich unterschiedlich stark ausgeweitet. Der Handel mit gewerblichen und industriellen Erzeugnissen nahm in dieser Zeitspanne volumenmässig um rund das Dreissigfache, der Handel mit Mineralien und Erdöl um etwa das Achtfache und der Agrarhandel um das Fünffache zu (Berechnungen und Schätzungen der WTO; wertmässig ergeben sich je nach Preisstand andere Grössen). Der Handel mit gewerblichen und industriellen Produkten weist über all die Jahre hinweg höhere Wachstumsraten auf als das weltweite Sozialprodukt. Die Gründe für die Zunahmen sind die technisch verbesserten und ständig kostengünstigeren Transportmöglichkeiten, die erleichterte und billigere Kommunikation, die Vereinfachung der Zahlungsmöglichkeiten sowie sicher auch der Abbau der Handelshemmnisse aller Art.

Wertmässig entfallen heute etwa 70 Prozent des totalen Welthandels auf gewerbliche und industrielle Produkte, zwischen 15 und 20 Prozent auf Erdöl, Mineralien und Erze (hohe Erdölpreise in den Jahren 2007/08) und ca. 8 Prozent auf landwirtschaftliche Erzeugnisse.

Das gegenwärtig geltende GATT 94 besteht aus dem GATT 47, den in der Uruguay-Runde vorgenommenen Vertragsänderungen sowie den Zusatzabkommen über den Agrarhandel, die sanitarischen und phytosanitarischen Massnahmen, die technischen Handelshemmnisse, die handelsrelevanten Investitionsmassnahmen, das Antidumping, die Zollwertbestimmungen, die Versandkontrolle, die Ursprungsregeln, die Importlizenzen, die Subventionen und die Schutzmassnahmen.

Nachdem der dritte Teil die gemeinsamen Vertragsinhalte behandelt hat, folgt nun ein Überblick über die verbleibenden speziellen Regelungen des internationalen Güterhandels, ergänzt durch Einzeldarstellungen der GATT-Zusatzabkommen.

§ 1 Das GATT als Hauptvertrag

Mit der Behandlung der gemeinsamen Inhalte des WTO-Vertragswerks insgesamt wurden auch die bedeutendsten Vertragsbestimmungen des GATT abgedeckt (mfn, Inländerprinzip, Reziprozität usw.). Die folgenden Ausführungen weisen auf einige Handelsregeln des GATT hin, die in der einen oder anderen Form ausschliesslich den Güterhandel betreffen. Darunter fallen zum Beispiel die Bestimmungen über die Filmwirtschaft, den Warentransit, die Zahlungsbilanz und den Staatshandel.

Das GATT erlaubt den einzelnen Vertragspartnern, ihre einheimische Filmindustrie zu schützen, indem sie den Kinos Spielzeiten für Filme inländischer Herkunft vorschreiben und Spielzeitkontingente für ausländische Filme festlegen dürfen. Bei der Bemessung von ausländischen Kontingenten ist gemäss Meistbegünstigungsprinzip eine Aufteilung nach Lieferländern verboten. In der Uruguay-Runde haben sich die europäischen Staaten, insbesondere Frankreich, erfolgreich gegen eine Liberalisierung des Film-, Multimedia- und Fernsehbereichs gewehrt («exception culturelle»). Ob dieser Protektionismus effektiv der Kultur, und was immer man darunter versteht, zugute kommt oder in erster Linie die sie schaffende Industrie und ihre Gewerkschaften schützt, wäre noch abzuklären.

Die Vertragsparteien haben sich gegenseitig freie Durchfuhr für «Waren, Wasserfahrzeuge und andere Beförderungsmittel», ausgenommen Luftfahrzeuge, zu gewähren. Dabei darf kein Unterschied nach Flagge der Schiffe, Eigentum der Ware sowie Ursprungs-, Herkunfts- oder Bestimmungsort gemacht werden. Dies schliesst aber eine Anmeldung und Kontrolle der transportierten Ware an der Grenze nicht aus. Die in diesem Zusammenhang erhobenen Gebühren haben sich auf die tatsächlichen Kosten der erbrachten Dienstleistungen zu beschränken. Sie dürfen nicht einem indirekten Schutz für inländische Waren noch einer Besteuerung zur Erzielung von Staatseinnahmen dienen. Dieses Kostenprinzip gilt nicht nur für den Transitverkehr, sondern auch für Waren, die in ein Land ein- oder ausgeführt werden.

Weist ein Vertragspartner des GATT Zahlungsbilanzschwierigkeiten auf oder läuft er Gefahr, seine Währungsreserven zu verlieren, darf er zum Schutz seiner finanziellen Lage die Importe mengen- oder wertmässig beschränken. Die Massnahmen sind so zu wählen, dass sie die Grundprinzipien des GATT (z.B. Meistbegünstigungs- und Inländerprinzip) nicht oder nur minimal verletzen und den internationalen Warenhandel nicht unverhältnismässig einschränken. Ob diese GATT-Vorschrift in einem System des floatenden Wechselkurses noch aktuell ist, steht seit Jahren in Fachkreisen zur Diskussion.

Ein weiteres Kapitel des GATT ist dem Staatshandel gewidmet. Von Staatshandel ist die Rede, wenn der Staat oder einzelne Stellen des Staats als eigenständiger Käufer und Verkäufer auf dem Markt auftreten und den grenzüberschreitenden Güterverkehr massgeblich kontrollieren und auf die Güterpreise oder die gehandelten Mengen Einfluss nehmen (kauft der Staat Güter zum eigenen Ge und Verbrauch, spricht man nicht von Staatshandel, sondern von «öffentlicher Beschaffung»). Staatliche Massnahmen zur Regelung des Staatshandels sind gerechtfertigt, wenn sie der Zielsetzung des GATT und dem Grundsatz der Nichtdiskriminierung nicht zuwiderlaufen. Das GATT verpflichtet daher die öffentlichen Stellen der Vertragsparteien, Käufe und Verkäufe ausschliesslich nach kommerziellen Erwägungen zu tätigen und anderen Handelspartnern eine ausreichende Möglichkeit zur Beteiligung an diesen Käufen und Verkäufen zu gewähren. Von der Verpflichtung der Nichtdiskriminierung ist eine Vertragspartei in drei Fällen ausgenommen: (1) bei der Einfuhr von Gütern zum Eigengebrauch (dieser Handelsbereich fällt indessen nicht unter das Kapitel des Staatshandels, sondern unter die öffentliche Beschaffung, vgl. Teil 7, § 2, S. 143 ff.), (2) bei Importen aufgrund zweckgebundener Anleihen und (3) bei der Preisdifferenzierung im Export, wobei jedoch auch in diesem Fall die Preisgestaltung nach kommerziellen Erwägungen zu erfolgen hat.

§ 2 Das Agrarabkommen

Das Agrarabkommen (Agreement on Agriculture) verfolgt drei Ziele, erstens die Erleichterung des Marktzutritts auf internationaler Ebene beziehungsweise die gegenseitige Öffnung und Liberalisierung der Agrarmärkte, zweitens die Beschränkung und Neuausrichtung der handelsrelevanten einheimischen Stützungsmassnahmen zu Gunsten der Agrargüter und drittens die Verbesserung des internationalen Wettbewerbs über den Abbau der Exportsubventionen und subventionierten Exportmengen im Agrarhandel.

1. Die Marktöffnung

Das Agrarabkommen verpflichtet die GATT-Partner, sich gegenseitig einen möglichst offenen Marktzutritt zu gewähren. Der für notwendig erachtete Grenzschutz darf mit Hilfe von Zöllen beibehalten werden. Die nichttarifären Handelshemmnisse hingegen sind zu beseitigen. Die Verwirklichung dieser Zielvorgabe verlangte von den Vertragsparteien, ihre mengenmässigen Restriktionen, variablen Importabgaben (Abschöpfungen), Mindestpreisvorschriften, Importlizenzen, Staatshandelsmassnahmen und freiwilligen Handelsbeschränkungen in Zölle umzuwandeln. Diese Umrechnung, unter dem Begriff «Tarifizierung» bekannt, erforderte für jedes einzelne Produkt aufwendige Datenerhebungen und Kalkulationen. Der neue Zoll entsprach dem Unterschied zwischen Inlandpreis und ausländischem Referenzpreis im Durchschnitt der Jahre 1986–88. Als ausländischer Referenzpreis galt der Produktpreis an der Grenze inklusiv Verlade-, Transport- und Versicherungskosten.

Die Zölle, die aus der Tarifizierung resultierten, zusammen mit den bereits bestehenden Zollbelastungen, waren produktweise ab Abkommensbeginn im Verlauf von sechs Jahren im Durchschnitt um insgesamt 36 Prozent zu reduzieren, minimal um 15 Prozent. «Im Durchschnitt» bedeutete, es durften einzelne Zollpositionen zusammengefasst werden, mit der Erlaubnis, die Zölle bei Produkten ohne Schutzbedürfnis stärker als 36 Prozent zu reduzieren, um bei relativ sensiblen Produkten einen geringeren Zollabbau vornehmen zu können. Für die wirtschaftlich schwachen Länder war ein Zollverzicht von 24 Prozent (zwei Drittel von 36%) in zehn Jahren vorgesehen. Wirtschaftlich ganz schwache Länder wurden von der Pflicht der Zollreduktion ausgenommen. Als Basis der Berechnungen dienten die bestehenden Zolllisten (für gebundene Zölle) oder das am 1. September 1986 geltende Zollsatzniveau (für nicht gebundene Zölle).

Die Umrechnung der nichttarifären Handelshemmnisse in Zölle und die Aufrechterhaltung der Importmöglichkeiten im Ausmass von 1986–88 führten zu einer Umwandlung der bisherigen Einfuhrkontingente in so genannte Zollkontingente. Im Zollkontingent werden die in der Periode 1986–88 importierten Mengen zu den bisher erhobenen Abgaben (d.h. zum «Inner-Kontingentszollsatz») belassen. Zusätzliche Importe sind möglich und müssen erlaubt werden, aber nur zu einem Zoll im Ausmass der Differenz zwischen In- und Auslandpreis (d.h. zum «Ausser-Kontingentszollsatz»). Die Verteilung eines Zollkontingents auf die landeseigenen Importeure ist Sache des jeweiligen Importlandes.

Gleichzeitig sah die WTO eine weitere Marktöffnung vor. Für Produkte, die bisher vom Import ganz oder teilweise ausgeschlossen waren, musste im ersten Jahr der Übergangszeit ein Marktzutritt von wenigstens 3 Prozent des durchschnittlichen Gesamtverbrauchs 1986–88 geschaffen werden, gefolgt von einer Erhöhung auf 5 Prozent bis Ende der Reformperiode von sechs Jahren.

Analog zum GATT 47 enthält die neue Agrarmarktordnung eine Schutzklausel für den Fall, dass die neu gewährten Importerleichterungen zu einem unverhältnismässig starken Anstieg der Importmengen oder zu einem Preiseinbruch im davon betroffenen Produktbereich führen (analog zu Art. XIX GATT).

Die mengenbezogene Schutzklausel erlaubt ein Anheben der bestehenden Zollbelastung. Wenn die Importmenge eines Produkts innerhalb eines Jahres einen gewissen Schwellenwert (vgl. unten) überschreitet, darf die Zollbelastung um bis zu einem Drittel angehoben werden, wobei «bis zu einem Drittel» nicht definiert ist. Der Schwellenwert ist je nach Selbstversorgungsgrad und Importanteil eines Landes unterschiedlich hoch:

- Bei einem Selbstversorgungsgrad von 90 Prozent und einem Importanteil von 10 Prozent darf ein Schutzzoll erhoben werden, wenn der zusätzliche Import mehr als 25 Prozent über dem durchschnittlichen Import der letzten drei Jahre, für die Daten verfügbar sind, liegt.
- Bei einem Selbstversorgungsgrad von 70 bis 90 Prozent und einem Importanteil von 10 bis 30 Prozent darf vom Importeur ein Schutzzoll erhoben werden, wenn die zusätzlichen Einfuhren mehr als 10 Prozent über dem durchschnittlichen

Import der letzten drei Jahre, für die Daten verfügbar sind, liegen.

- Bei einem Selbstversorgungsgrad von weniger als 70 Prozent und einem Importanteil von über 30 Prozent darf ein Schutzzoll erhoben werden, wenn der zusätzliche Import 5 Prozent über dem durchschnittlichen Import der letzten drei Jahre, für die Daten verfügbar sind, liegt.

Erhöht sich während der Vergleichszeit der Selbstversorgungsanteil am Gesamtverbrauch eines Landes, steigt der Schwellenwert, was einer Senkung der Schutzmöglichkeit gleichkommt. Die Mitberücksichtigung der bisherigen Importe sowie der Veränderung des Selbstversorgungsgrads bewirken, dass bei mengenmässig kleineren Importanteilen mit dem Ergreifen von Schutzmassnahmen länger zuzuwarten ist als bei mengenmässig bereits grösseren Importanteilen, und dass eine Ausdehnung des Selbstversorgungsgrads mit einer Anhebung des Schwellenwerts verbunden ist. Auf diese Weise wird die bisherige Marktöffnung honoriert und die Ausdehnung der Eigenproduktion bestraft. Auf die Frage, ob die jeweiligen Mengen- und Preisveränderungen ökonomisch bedingt und gerechtfertigt sind oder nicht (z.B. aufgrund von Produktivitätsfortschritten) tritt das GATT nicht ein.

Verursachen die gewährten Zollreduktionen einen Preiseinbruch im Importhandel und damit auf dem einheimischen Markt, steht den dadurch betroffenen Handelspartnern je nach Ausmass der Preisreduktion das Recht auf Gegenmassnahmen zu.

Bei der preislichen Schutzklausel sind insgesamt fünf Abstufungen mit folgenden Auslöseschwellen vorgesehen:

- Weniger als 10 Prozent Rückgang des Importpreises: Keine vorübergehende Zollerhöhung;
- 10 bis 40 Prozent Rückgang des Importpreises: Abschöpfung von 30 Prozent der Preisdifferenz, soweit sie 10 Prozent übertrifft;

- 40 bis 60 Prozent Rückgang des Importpreises: Abschöpfung von 50 Prozent der zusätzlichen Preisdifferenz;
- 60 bis 75 Prozent Rückgang des Importpreises: Abschöpfung von 70 Prozent der zusätzlichen Preisdifferenz;
- mehr als 75 Prozent Rückgang des Importpreises: Abschöpfung von 90 Prozent der zusätzlichen Preisdifferenz.

Sinkt zum Beispiel der Importpreis eines Gutes um 80 Prozent, kann der importierende Handelspartner einen Schutzzoll von zusätzlich 34.0 Prozent des Preisrückgangs erheben: bisheriger Zoll
+ keine Abschöpfung für die ersten 10% = 0,
+ 30% von 30% = 9.0,
+ 50% von 20% = 10.0,
+ 70% von 15% = 10.5,
+ 90% von 5% = 4.5.
Zusammen: 9.0 + 10.0 + 10.5 + 4.5 = 34.0% in Ergänzung zum bisherigen Zoll.

2. Die Neuausrichtung der Stützungsmassnahmen

Der zweite Zielbereich der WTO-Agrarmarktordnung besteht in der Reduktion der einheimischen Unterstützung der Landwirtschaft auf ein Mass, das die Agrarproduktion und den Aussenhandel mit landwirtschaftlichen Grundprodukten und Nahrungsmitteln nicht oder nur unbedeutend beeinträchtigt. Die WTO sieht den Abbau sämtlicher produktgebundener Stützungen vor, das heisst der preis- und absatzsichernden Massnahmen sowie der produktgebundenen Direktzahlungen um 20 Prozent auf der Basis 1986–88. Der Abbau hat global, das heisst für alle Produkte zu erfolgen. Vom Abbau ausgenommen sind produktspezifische Staatsbeiträge, die weniger als 5 Prozent des einzelnen Produktwerts ausmachen, und nicht produktspezifische Beiträge von weniger als 5 Prozent des landwirtschaftlichen Endrohertrags eines Landes. Für wirtschaftlich schwache Staaten beträgt diese

Limite 10 Prozent. Keiner Beschränkung unterworfen sind Beiträge, die wegen bestehender Produktionsbeschränkungsprogramme keine Ausdehnung der landwirtschaftlichen Produktion zur Folge haben und aus dem öffentlichen Haushalt stammen, also nicht direkt den Konsumenten überbunden werden. Vom Abbau ausgenommen ist auch die so genannte «Green-Box». Sie enthält vor allem regional, sozialpolitisch und ökologisch motivierte Massnahmen wie beispielsweise: (1) staatliche Programme zur Unterstützung der Landwirtschaft oder ländlicher Gebiete im allgemeinen; dazu zählen unter anderem Forschungs-, Nahrungsmittelkontroll-, Ausbildungs-, Überwachungs-, Marketing- und Infrastrukturprogramme, (2) Ausgaben für die Pflichtlagerhaltung für Kriegs- und Notzeiten gemäss nationaler Gesetzgebung, (3) Nahrungsmittelhilfsprogramme für bedürftige Bevölkerungsgruppen und (4) Direktzahlungen an Produzenten als Entschädigung für Einkommensausfälle, wobei diese Zahlungen nicht an die Höhe der Produktionsmenge, der nationalen oder internationalen Preise und der verwendeten Produktionsmittel gebunden sein dürfen. Die Ausnahmepalette ist letztlich so vielfältig und bunt gehalten, dass jedes Land seine Agrarwirtschaft im bisherigen Ausmass unterstützen kann, freilich nach einem neuartigen System von nicht produktgebundenen Beiträgen.

3. Der Abbau der Exportsubventionen

Schliesslich stand auch der Abbau der Exportsubventionen und der subventionierten Exportmengen zur Diskussion. Unter die Exportsubventionen fallen gemäss GATT-Agrarabkommen direkte Staatsbeiträge an exportierende Produzenten, Verarbeiter und Händler, der staatliche Verkauf von Agrarüberschüssen zu Preisen, die unter dem einheimischen Niveau liegen sowie Transportbeiträge an die Landwirtschaft. Die WTO verlangte ab Abkommensbeginn einen Abbau der Agrarsubventionen um 36 Prozent auf der Basis 1986–90, aufgeteilt auf sechs Jahre. Von den wirtschaftlich schwachen Ländern forderte die WTO einen Subventionsabbau von 24 Prozent (zwei Drittel von 36%) über eine Zeitspanne von zehn Jahren. Für wirtschaftlich schwache Länder fallen die Transportkostenbeiträge nicht unter die abzubauenden Subventionen. Wirtschaftlich besonders schwache Länder dürfen auf den Subventionsabbau vollständig verzichten.

Die Menge der subventionierten Exportgüter war ebenfalls in einer Zeitspanne von sechs Jahren um insgesamt 21 Prozent zu reduzieren. Für wirtschaftlich schwache Länder galt ein Satz von 14 Prozent (zwei Drittel von 21%). Für den Fall angestiegener Exportwerte und Exportmengen in der Referenzzeit 1986–90 war eine Verlegung der Berechnungsbasis auf 1991/92 vorgesehen, ohne jedoch dadurch den Fristenverlauf im Abbau der Subventionen zu ändern.

Der Abbau von 36 Prozent Exportsubventionen galt auch für verarbeitete Nahrungsmittel und damit für die Nahrungsmittelindustrie insgesamt. Dagegen sah das Agrarabkommen keine mengenmässige Reduktion der Nahrungsmittelexporte vor.

4. Anhaltende Interessengegensätze

Die bisherigen Agrarverhandlungen im Rahmen des GATT und der WTO haben viele Handelspartner enttäuscht. Die Entwicklungs- und Agrarexportländer werfen den Industrie- beziehungsweise den Importländern von Agrarprodukten vor, unter dem Deckmantel der Multifunktionalität ihre Landwirtschaft weiterhin zu schützen und den bisherigen Agrarprotektionismus beizubehalten. Die Landschaftspflege, die Erhaltung lebensfähiger ländlicher Räume, der Umweltschutz und die Erhaltung der Artenvielfalt würden lediglich vorgeschoben, um die Agrarsubventionen und Beihilfen aller Art zu rechtfertigen und beizubehalten. Und in der Tat, die Regierungen und Parlamente der Agrarimportländer tun sich zurzeit sehr schwer, auf Verhandlungen zum Nachteil der eigenen Landwirtschaft einzutreten. Der Druck von Seiten der bäuerlichen Wählerstimmen gegen eine Neuausrichtung der Agrarpolitik scheint zu gross zu sein.

Die in der Uruguay-Runde beschlossene Tarifzierung der Agrarstützungen, die Reduktion der Zoll- und Exportsubventionen sowie die Umwandlung der traditionellen Mengenbeschränkungen in Zollkontingente haben im Agrarbereich wenig zur weiteren Marktöffnung beigetragen. Nach wie vor beziehen sich über 50 Prozent der Zollbindungen nicht auf den Wert des Agrarguts, sondern auf das Gewicht der Ware, auf bestimmte Importperioden, auf vorgegebene Handelsmengen oder landeseigene Agrarprogramme. Auch hat die WTO festgestellt, dass die geltenden Zollkontingente immer weniger beansprucht werden, teils wegen der hohen Kontingentszollansätze und teils wegen der komplizierten staatlichen Administration, die den Zugang zu den Quoten ungebührlich erschwert.

Beim Abschluss des WTO-Agrarabkommens war man sich dieser Probleme bewusst und verlangte deshalb, die Agrarverhandlungen fünf Jahre nach Inkrafttreten des Abkommens, das heisst im Jahr 2000 fortzusetzen. In einer ersten Phase vom März 2000 bis März 2001 reichten 121 der damals 140 WTO-Mitglieder insgesamt 48 Reformvorschläge ein. Diese Vorschläge bildeten die Basis der zweiten Phase, die vom Mai 2001 bis Februar 2002 dauerte. Nach Aussagen von Delegierten erwiesen sich diese Verhandlungen als äusserst schwierig, weil keine Paketlösungen mit anderen Handelsbereichen zur Verfügung standen. Im Anschluss an die Ministerkonferenz von Doha begann im März 2002 die dritte Verhandlungsphase. Die Doha-Konferenzerklärung forderte die Handelspartner auf, die Verhandlungen im Sinne der Uruguay-Runde fortzusetzen, das heisst den Marktzutritt erneut zu verbessern, die handelsverzerrenden Inlandstützungen weiter zu reduzieren und die Exportsubventionen zusätzlich zu kürzen. Die Industrieländer erklärten sich bereit, diesen Reformprozess mitzutragen, unter der Voraussetzung der Berücksichtigung der multifunktionalen Aufgaben der Landwirtschaft. Die im Februar und März 2003 von der WTO vorgelegten Reformvorschläge (Harbinson-Bericht) wurden von den Industriestaaten denn auch abgelehnt, weil ihrer Ansicht nach die multifunktionalen Aspekte der Landwirtschaft zu wenig berücksichtigt waren und die Handelsliberalisierung zu weit ging (Zollabbau von durchschnittlich 40–60% bei einem Minimum von 25–40%, Ausweitung der Zollkontingente auf mindestens 10% des Inlandkonsums, Reduktion der produktgebundenen Stützungen um 60% und Abschaffung der Exportsubventionen im Zeitraum von 10 Jahren).

Anschliessend folgten Verhandlungen auf der Basis des an der Ministerkonferenz vom 13. September 2003 in Cancún von *Luis Erneste Derbez* (Aussenminister von Mexiko) vorgelegten Textes. Der Derbez-Text widerspiegelte den gemeinsamen Reformvorschlag der EU und der USA und knüpfte an frühere Verhandlungen an.

Die Marktöffnung, so der Derbez-Vorschlag, wäre nach einer so genannten Mischformel («blended formula») vorzunehmen gewesen, das heisst

für einen noch zu bestimmenden Handelsanteil hätte der Zoll um durchschnittlich [...] Prozent bei einem Minimalsatz von [...] Prozent gesenkt werden müssen, wobei anfänglich in Anlehnung an die Uruguay-Formel von durchschnittlich 36 Prozent bei einem Minimalsatz von 10 Prozent die Rede war (in der Uruguay-Runde galt ein Minimalsatz von 15%; in den eckigen Klammern wären die später auszuhandelnden Zugeständnisse einzutragen gewesen),

für einen noch zu bestimmenden Handelsanteil sah der Vorschlag eine Zollsenkung im Sinne der in der Tokio-Runde angewandten «Swiss formula» vor, was zur Folge gehabt hätte, die hohen Zölle stärker abzubauen als die niedrigen, und ein noch zu bestimmender Handelsanteil (Restanteil) wäre von den Zöllen gänzlich zu befreien gewesen.

Ob diese Zollreduktionen den traditionellen Agrarexportländern (der Cairns-Gruppe, den USA und Kanada) und den Entwicklungsländern (d.h. den Mitgliedern der G-20, vorab Indien und Brasilien) den Marktzutritt verbessert hätten, wäre zweifelsohne eine Frage des Ausmasses der gemachten Zugeständnisse (Reduktionssätze) gewesen. Der Cairns-Gruppe gehören folgende 14 Länder an: Argentinien, Australien, Brasilien, Chile, Fidschi, Indonesien, Kanada, Kolumbien, Malaysia, Neuseeland, Philippinen, Ungarn, Uruguay und Thailand. Der Name «Cairns-Gruppe» stammt von der ersten Tagung dieser Länder in Cairns (Australien).

Bei den internen Stützungen standen in dieser Verhandlungsphase verschiedene Ansätze zur Diskussion: Einer Reduktion der «Amber-Box-Stützungen» (produktspezifische Stützungen) im Ausmass von 35 bis 50 Prozent hätten die Industriestaaten allenfalls zugestimmt, wenn sie ihre nichthandelsbezogenen Stützungen hätten beibehalten dürfen. Die Cairns-Gruppe und fast alle Entwicklungsländer forderten hingegen eine zusätzliche Reduktion dieser Stützungen. Einem Abbau der «Blue-Box-Beiträge» (produktbezogene Direktzahlungen) stimmten wiederum die EU und die Schweiz nicht zu. Sie verlangten, die «Blue-Box-Massnahmen» von jedem Abbau auszunehmen, was in der Cairns-Gruppe und im Rahmen der G-20 auf Widerstand stiess. Nicht zur Diskussion standen die so genannten «Green-Box-Massnahmen» (nichtproduktbezogene Direktzahlungen), obwohl einzelne Handelspartner, vorab die wirtschaftlich schwachen Staaten, deren Überprüfung verlangten.

Geteilt waren die Meinungen auch in Bezug auf die Exportsubventionen. Die Agrarexportländer forderten die Abschaffung sämtlicher Exportsubventionen und Exportkredite zu Gunsten der Landwirtschaft. Die USA-Vorschläge beschränkten sich jedoch ausschliesslich auf die Subventionen unter Ausklammerung der Kredite. Die EU wiederum war nur bereit, ihre Agrarexportsubventionen zur Disposition zu stellen, wenn die anderen Handelspartner analoge Subventionskürzungen vorgenommen und sich bereit erklärt hätten, auch über die Exportkredite zu verhandeln.

Die Erfolgschancen der damals diskutierten Vorschläge sind nachträglich schwer abzuschätzen. Einerseits drängten die Agrarexportländer auf eine Fortführung der in der Uruguay-Runde eingeschlagenen Agrarliberalisierung. Andererseits beharrten die Agrarimportländer auf dem Schutz der Landwirtschaft aus Gründen ihrer multifunktionalen Aufgaben, obwohl sie damit das Risiko eingingen, die künftige Diskussion auf die «Green-Box-Massnahmen» zu lenken.

Ende Oktober 2006 teilte der WTO-Agrarausschuss mit, mehrere WTO-Mitglieder hätten die verlangten Daten über die Agrarstützungen nicht geliefert. Die Agrargespräche seien daher zu suspendieren. Ende April 2007 forderte der Vorsitzende des Agrarausschusses die Verhandlungspartner auf, die Gespräche wieder aufzunehmen. Nach intensiven Vorarbeiten kam es im Spätsommer 2008 zu neuen Verhandlungen. Aber auch in diesen Verhandlungen konnte die Doha-Runde nicht erfolgreich abgeschlossen werden. Die Entwicklungsländer erwarteten in Sorge um ihre Agrarwirtschaft eine weitere Preisgabe der Agrarsubventionen in den Industriestaaten und forderten gleichzeitig einen «Special Safeguard Mechanism» zur Anhebung ihrer Zölle auf konkurrierenden Agrarimporten. Die Industriestaaten ihrerseits waren nicht bereit, und binnenpolitisch teils auch nicht in der Lage, ihren Agrarschutz weiter aufzugeben. Zudem kritisierten sie den von den Entwicklungsländern geforderten «Safeguard Mechanism». Die WTO-Verhandlungen hätten zum Ziel, Schutzmassnahmen aufzuheben und nicht neue Zollmauern aufzubauen.

§ 3 Das Abkommen über sanitarische und phytosanitarische Massnahmen

Art. XX(b) GATT, Art. XIV(b) GATS und Art. 27.2(b) TRIPS erlauben, zum Schutz des Lebens und der Gesundheit der Menschen, Tiere und Pflanzen von den allgemeinen Vertragsverpflichtungen (vor allem Art. III und XI GATT) abweichen zu dürfen. Um den Missbrauch dieser Bestimmungen in Grenzen zu halten, entstand in der Uruguay-Runde das Abkommen über die Anwendung von gesundheitspolizeilichen und pflanzenschutzrechtlichen beziehungsweise sanitarischen und phytosanitarischen Massnahmen (Agreement on the Application of Sanitary and Phytosanitary Measures, SPS-Abkommen), das für die Industriestaaten am 1. Januar 1995, für die Entwicklungsländer am 1. Januar 1997 und für die wirtschaftlich ganz schwachen Staaten am 1. Januar 2000 in Kraft trat.

Die Präambel und die ersten beiden Artikel des SPS-Abkommens bestimmen in Anlehnung an Art. XX(b) GATT, dass jeder Vertragspartei das Recht zusteht, das Leben und die Gesundheit von Menschen, Tieren und Pflanzen zu schützen, unter der Voraussetzung, dass die Massnahmen nicht willkürlich und ungerechtfertig angewendet werden, dass sie nicht zwischen den Mitgliedern der WTO diskriminieren oder die ausländischen Anbieter, Waren oder Dienstleistungen gegenüber den einheimischen nicht benachteiligen. Die Massnahmen seien auf das Notwendige zu beschränken, wobei das Erfordernis der Notwendigkeit vermutet werden dürfe, wenn die Massnahmen den internationalen Normen, Richtlinien und Empfehlungen entsprechen (Notwendigkeitserfordernis).

Art. 3 SPS-Abkommen handelt von der Zusammenarbeit zwischen den WTO-Mitgliedern und der Harmonisierung der Massnahmen. Die Vertragspartner sind aufgefordert, ihre Massnahmen «im weitest möglichen Umfang» auf «allenfalls bestehende internationale Normen, Richtlinien oder Empfehlungen [...]» abzustützen. Die Entwicklung und regelmässige Überprüfung der Normen, Richtlinien und Empfehlungen sind durch die internationalen Organisationen – namentlich erwähnt werden: Kodex Alimentarius Kommission, Internationales Tierseuchenamt und Internationale Pflanzenschutzkonvention – nach Kräften zu unterstützen. Die Förderung und Koordination der Zusammenarbeit zwischen den einzelnen Vertragsparteien und den internationalen Institutionen fällt in den Aufgabenbereich des mit dem Inkrafttreten des SPS-Abkommens geschaffenen SPS-Ausschusses (Harmonisierungspflicht).

Ein weiteres Element der vertraglichen Vereinbarung ist die Vorschrift in Art. 4 des Abkommens. Die WTO-Mitglieder sind gehalten, die ausländischen sanitarischen und phytosanitarischen Massnahmen anzuerkennen, wenn diese einen «angemessenen» Schutz garantieren, das heisst das eigene Schutzniveau nicht unterlaufen. Die Verwirklichung dieser Vorschrift setzt aber gemäss Abkommen voraus, dass dem Importland das Recht zusteht, die Produkte im Herkunftsland auf ihre Qualität hin kontrollieren zu dürfen (Äquivalenzprinzip).

Das Ergreifen von Massnahmen, die schutzmässig über dem international anerkannten Niveau liegen, ist nur erlaubt, wenn besondere Risiken vorliegen und die Anwendung der Massnahmen wissenschaftlich gerechtfertigt ist. Gemäss Art. 5 des SPS-Abkommens haben die Vertragsparteien sicherzustellen, «dass ihre sanitarischen oder phytosanitarischen Massnahmen auf einer den Umständen entsprechenden Bewertung der Risiken für das Leben oder die Gesundheit für Menschen, Tiere oder Pflanzen beruhen, wobei Risikobewertungstechniken zu berücksichtigen sind, die von den diesbezüglichen internationalen Organisationen entwickelt wurden». Bei der Bewertung der Risiken sind die verfügbaren wissenschaftlichen Beweise, einschlägigen Verfahren und Erzeugungsmethoden zu berücksichtigen (Wissenschaftlichkeitsprinzip).

Schliesslich verpflichtet das SPS-Abkommen die WTO-Mitglieder, auf die speziellen Bedürfnisse der Entwicklungsländer Rücksicht zu nehmen. Diese Rücksichtnahme bezieht sich auf folgende Bereiche: technische Hilfe in Form von Technologietransfer, wissenschaftliche und finanzielle Unterstützung in der Forschung und beim Aufbau von Kontrollstellen, Gewährung von langen Übergangszeiten bei der Einführung von neuen Massnahmen und Erleichterung der Mitarbeit in internationalen Gremien.

In Streitfällen zwischen den Vertragsparteien ist die Streitschlichtungsstelle der WTO anzurufen. Als Informations- und Beratungsorgan amtet der neu geschaffene Ausschuss für SPS-Massnahmen. Ihm obliegt die Aufgabe, für die Verwirklichung der Vertragsziele besorgt zu sein.

Wie das SPS-Abkommen umgesetzt wird, zeigen der Streit um das EG-Importverbot für hormongemästetes Rindfleisch von 1997 (Schutz der menschlichen Gesundheit), der Streit um das australische Importverbot für frischen, gekühlten und gefrorenen Lachs von 1998 (Schutz der Tiere) und der Streit um die Importbestimmungen Japans zum Schutz von Äpfeln und anderen Früchten von 1999 (Schutz der Pflanzen). Im Hormonfall hat das Streitschlichtungsorgan die Meinung vertreten, das EG-Importverbot verstosse gegen das SPS-Abkommen, insbesondere gegen Art. 3 des Abkommens, weil die EG die Schädlichkeit der Anwendung von Hormonen in der Rindermast nicht ausreichend wissenschaftlich begründen konnte. Der Entscheid hat weder in der Fachliteratur noch in der Politik ungeteilte Zustimmung erfahren. Einzelne Völkerrechtler sprechen der WTO die originäre Zuständigkeit für die hier in Frage stehenden nichtwirtschaftlichen Belange ab. Die Wissenschaft verstärke zwar die Rationalität in nationalen Rechtssetzungsprozessen. Es sei jedoch zweifelhaft, ob Wissenschaft als objektives und universelles Abgrenzungskriterium betrachtet und angewandt werden dürfe (vgl. Makatsch (2004), S. 142f.; Senti (2000), Rz. 1070ff.). Ähnlich wie im Hormonfall entschied das Panel im australischen Lachsfall. Die von

Australien vorgelegten wissenschaftlichen Nachweise wurden als nicht SPS-konforme Risikobewertung beurteilt. Einen Verstoss gegen Art. 2 und 5 des SPS-Abkommens sah die WTO-Streitschlichtungsstelle ebenso bei den japanischen Importbestimmungen für Äpfel und andere Früchte (eine Darstellung der einzelnen Streitfälle mit weiteren Literaturhinweisen findet sich in: Makatsch (2004), S. 70ff.).

§ 4 Das Abkommen über technische Handelshemmnisse

Geht es im Abkommen über sanitarische und phytosanitarische Massnahmen um den Schutz der Gesundheit, das heisst um den Rechtfertigungstatbestand von SPS-Massnahmen, die im Widerspruch zu Art. III und XI GATT stehen, hat das Abkommen über technische Handelshemmnisse (Agreement on Technical Barriers to Trade, TBT-Abkommen) sicherzustellen, dass die technischen Normen und Vorschriften einschliesslich der Verpackungs-, Kennzeichnungs- und Beschriftungserfordernisse keine unnötigen Hindernisse für den internationalen Handel schaffen. Die ursprüngliche Ausarbeitung und erstmalige Inkraftsetzung des TBT-Abkommens geht auf die Tokio-Runde zurück. Damals war das TBT-Abkommen ein plurilaterales Abkommen und verpflichtete ausschliesslich die Unterzeichnerstaaten. In der Uruguay-Runde wurde der Vertragstext überarbeitet und trat am 1. Januar 1995 als multilaterales, alle WTO-Mitglieder verpflichtendes Abkommen in Kraft.

Das TBT-Abkommen unterscheidet zwischen technischer Vorschrift, technischer Norm und Spezifikation. Eine technische Vorschrift ist ein charakteristisches Merkmal eines Produkts oder eine Verarbeitungs- und Produktionsweise, deren Einhaltung für alle Vertragspartner verpflichtend ist. Die technische Norm (auch Standard genannt) bezeichnet eine technische Produkteigenschaft, die von einer anerkannten Normenorganisation zur wiederholten oder ständigen Anwendung angenommen wird, deren Einhaltung aber nicht zwingend ist. Die Spezifikation eines Produkts bezieht sich auf das Qualitätsniveau, die Leistung, die Sicherheit, die Verpackung, die Kennzeichnung oder die Beschriftung des Handelsguts. Das Abkommen bedient sich bewusst einer allgemeinen Formulierung, um über das blosse Produkt hinaus auch die Zulassungsbedingungen, die Kontrollmethoden und Verwaltungsverfahren einzubeziehen.

Besonderes Gewicht legt das Abkommen auf die gegenseitige Information. Jeder Vertragspartner ist zur Führung von Auskunftsstellen verpflichtet, sei es zur Information der ausländischen Handelspartner über die im Inland geltenden Vorschriften, angewandten Prüfmethoden, vorgenommenen Feststellungsverfahren und administrativen Belange, sei es zur Information der inländischen Anbieter über die im Ausland üblichen technischen Vorschriften und Normen. Weichen in einem Land die nationalen von den internationalen Vorschriften ab, besteht für dieses Land eine entsprechende Publikations- und Notifizierungspflicht gegenüber dem WTO-Sekretariat.

Die Informationspflicht bildet zudem die Grundlage für die Kooperation zwischen den Vertragsparteien. Die Handelspartner haben sich gegenseitig technische Unterstützung bei der Ausarbeitung von Vorschriften, der Errichtung nationaler Normenorganisationen und Zertifizierungsstellen, der Entwicklung von Prüfmethoden usw. zu gewähren. Dabei sind die Industrieländer aufgerufen, auf die Bedürfnisse der Entwicklungsländer Rücksicht zu nehmen. Schliesslich spricht das Abkommen auch die Zusammenarbeit mit den bereits bestehenden internationalen Organisationen an. Es handelt sich um die Internationale Organisation für Normung (International Standardization Organization, ISO), die Wirtschaftskommission für Europa (Economic Commission for Europe, ECE), die Internationale Kommission für

Elektrotechnik (International Electrotechnical Organization, IEC) und den Codex Alimentarius.

Ein Schwerpunkt des TBT-Abkommens ist die internationale Harmonisierung der technischen Vorschriften und Normen, um auftretende Handelsstörungen auszuräumen. Die Vertragspartner sind aufgerufen, im Rahmen ihrer wirtschaftlichen und administrativen Möglichkeiten bei der Harmonisierung der technischen Vorschriften und Normen mitzuarbeiten. Zudem wird von den Vertragsparteien die gegenseitige Rechtsanerkennung erwartet, indem sie ausländische Vorschriften, die zwar formell von den landeseigenen abweichen, aber materiell die intern geforderten Bedingungen erfüllen, anerkennen.

Fühlt sich eine Vertragspartei in ihren Rechten verletzt, steht ihr die Möglichkeit zu, die Streitschlichtungsstelle der WTO anzurufen und – in Ergänzung zum üblichen Schiedsverfahren – die Bildung einer Technischen Expertengruppe zu verlangen.

Bis heute hat die WTO-Streitschlichtungsstelle erst einen Fall nach TBT-Abkommensrecht beurteilt, den so genannten EG-Sardinenfall von 2002 (die Streitfälle Thailand-Zigaretten 1990, US-Alkoholische Getränke 1992 und EG-Asbest 2001 fielen noch unter das GATT-Recht). Im EG-Sardinenfall ging es darum, dass in der EU gemäss EG-Verordnung von 1989 nur die Fischart «sardina pilchardus Walbaum» unter dem Namen «Sardinen» als Sardinenkonserven auf dem Markt zugelassen war. Die an der pazifischen Küste vorkommenden Arten «sardinos sagax» erwähnte die EG-Verordnung nicht, weshalb diese Fische in der EU nicht als «Sardinen» verkauft werden durften. Peru als klagende Partei machte darauf aufmerksam, dass gemäss Codex Alimentarius neben den Fischen «sardina pilchardus» auch andere Fischarten als «Sardinen» marktgängig seien, vorausgesetzt, sie enthalten eine Zusatzbezeichnung (z.B. «Pazifische Sardinen» oder «Peruanische Sardinen»). Die WTO-Streitschlichtungsstelle entschied, die EG-Verordnung verstosse gegen Art. 2.4 des TBT-Abkommens und sei im Sinne des Entscheids des Streitschlichtungsorgans aufzuheben beziehungsweise zu ändern (weitere Ausführungen über den EG-Sardinenfall in: Makatsch (2004), S. 90ff.).

§ 5 Das Abkommen über handelsrelevante Investitionsmassnahmen

Die stetige Zunahme des internationalen Handels und die dadurch wachsende Bedeutung der Auslandinvestitionen und der Kapitaltransfers führten in der Uruguay-Runde zu Verhandlungen über die handelsrelevanten Investitionsvorschriften. Die Ergebnisse dieser Verhandlungen finden sich im Abkommen über handelsrelevante Investitionsmassnahmen (Agreement on Trade-Related Investment Measures, TRIMS), das zusammen mit den übrigen Abkommen am 1. Januar 1995 in Kraft trat.

Das TRIMS bezieht sich ausschliesslich auf die Massnahmen der Investitionen, die mit dem internationalen Warenhandel in Beziehung stehen. Die ausländischen Direktinvestitionen, die reinen Finanztransaktionen und der Wertpapier- und Edelmetallhandel werden vom Abkommen nicht erfasst.

Die beiden Hauptziele des TRIMS sind die Verwirklichung des Inländerprinzips und das Verbot mengenmässiger Importbeschränkungen. Das Abkommen untersagt Bestimmungen, die den Investor zum Kauf und zur Verwendung von einheimischen Produkten verpflichten oder den Kauf und die Verwendung von Einfuhrgütern wert- oder mengenmässig mit dem Export einheimischer Güter in Verbindung bringen. Verboten ist auch, den Import mengen- oder wertmässig zu beschränken, die Einfuhr mengen- oder wertmässig mit dem Export zu koppeln, den Zugang einer Unternehmung zu Fremdwährungen von den Exporterlösen des Betriebs abhängig zu machen oder den erlaubten Export der Unternehmung auf einen bestimmten Anteil der Inlandproduktion zu beschränken.

Die Vertragsparteien hatten seinerzeit alle Investitionsmassnahmen, die im Widerspruch zum Abkommen standen, in der Zeit von drei Monaten nach Inkrafttreten des Abkommens dem GATT-Rat zu melden und im Verlauf von zwei Jahren abzubauen. Wirtschaftlich schwachen Handelspartnern gewährte die Vereinbarung eine Übergangszeit von fünf und wirtschaftlich besonders armen Partnern eine solche von sieben Jahren.

Im Rahmen des Abkommens entstand ein Ausschuss für handelsrelevante Investitionsmassnahmen, der für die Verwirklichung des Abkommens verantwortlich ist. Zwischenstaatliche Differenzen können der WTO-Streitschlichtungsstelle vorgelegt werden.

Nachdem die Bestrebungen der OECD, ein multilaterales Investitionsabkommen (Multilateral Agreement on Investment, MAI) auszuarbeiten, am Widerstand Frankreichs und der Entwicklungsländer gescheitert waren, hat die Doha-Ministerkonferenz von 2001 die 1996 in Singapur geschaffene Arbeitsgruppe «Handel und Investitionen» beauftragt, an der fünften WTO-Ministerkonferenz in Cancún (2003) Vorschläge zur Aufnahme von Investitionsverhandlungen vorzulegen. Mit dem Scheitern der Konferenz von Cancún sind diese Verhandlungen ins Stocken geraten.

§ 6 Das Abkommen über Antidumping

In der Antidumping-Diskussion verlangten mehrere Verhandlungsdelegierte, über die damals in den USA geltende Regelung des Preisdumping hinauszugehen und das Service-, Währungs- und Sozialdumping in die Welthandelsordnung einzubeziehen. Die Parteien beschränkten sich in der Folge auf das Preisdumping. Meinungsverschiedenheiten bestanden indessen noch über das Ausmass der vorausgesetzten Schädigung beim Ergreifen von

Gegenmassnahmen: Muss es sich um eine «hauptsächliche» («serious»), «bedeutsame» («material») oder «unbestimmte» Schädigung handeln, bis Gegenmassnahmen ergriffen werden dürfen? Hat die Differenz zwischen Inlandpreis und Exportpreis ein gewisses Ausmass (z.B. 5% des Inlandpreises) zu erreichen, bis eine Gegenmassnahme gerechtfertigt ist? Darf eine starke Schädigung mit einer Strafmassnahme vergolten werden? Schliesslich einigte man sich dahin, dass Gegenmassnahmen nur ergriffen werden dürfen, wenn die Vertragspartei feststellt, «dass durch das Dumping [...] ein bestehender [...] Wirtschaftszweig bedeutend geschädigt wird oder geschädigt zu werden droht, oder dass dadurch die Errichtung eines inländischen Wirtschaftszweigs erheblich verzögert wird» (Art. VI.6(a) GATT).

In der zweiten GATT-Runde (Annecy 1949) wurde die in Havanna vereinbarte Dumping-Definition in den ursprünglichen GATT-Vertrag eingefügt (Art. VI.1 und 2 GATT), und in der vierten Runde (Genf 1955/56) folgte die letzte Dumping-Vertragsänderung, wonach bei «schwer gutzumachender Schädigung» Sofortmassnahmen ohne vorherige Zustimmung erlaubt sind (Art. VI.6(c) GATT).

Das seit 1. Januar 1995 in Kraft stehende Antidumpingabkommen geht auf den Antidumpingkodex der Kennedy-Runde zurück, ergänzt und revidiert in der Tokio- und Uruguay-Runde (Agreement on Implementation of Article VI of the GATT 1994).

1. Die Definition des Dumping

In Anlehnung an die US-Rechtsordnung aus der Zeit vor dem GATT spricht das Abkommen von Dumping, wenn eine gleichartige Ware eines Landes unter ihrem «normalen Wert» auf den Markt eines anderen Landes gelangt. Nach Art. VI.1 GATT beziehungsweise Art. 2 des Antidumpingabkommens wird der normale Wert einer Ware unterschritten, wenn ihr Ausfuhrpreis im Handelsverkehr von einem Land in ein anderes niedriger ist als der vergleichbare Preis einer zum Verbrauch im Ausfuhrland bestimmten gleichartigen Ware im normalen Handelsverkehr. Gelangt das Produkt im Ausfuhrland nicht in den Verkauf:

wenn ihr Ausfuhrpreis im Handelsverkehr von einem Land in ein anderes niedriger ist als der vergleichbare Preis der in ein Drittland ausgeführten gleichartigen Ware. Gelangt das Produkt weder im Ausfuhrland noch in einem Drittland in den Verkauf:

wenn ihr Ausfuhrpreis im Handelsverkehr von einem Land in ein anderes unter den Herstellkosten im Ursprungsland zuzüglich eines angemessenen Betrags für Verwaltungs-, Verkaufs- und sonstige Kosten sowie Gewinn liegt.

Unterschiedliche Verkaufsbedingungen und Steuern sind «gebührend» zu berücksichtigen.

Beim Exportwert handelt es sich um jenen Preis, zu dem eine Ware das Land verlässt, und nicht um jenen Preis, zu dem sie in ein Land eintritt, das heisst im Idealfall um den Preis ab Werk («ex-factory price on sales for export»).

2. Die Antidumpingabgabe

Eine Antidumpingabgabe darf erhoben werden, wenn zwei Bedingungen erfüllt sind:

Vorliegen eines Dumping und Feststellung einer bedeutenden Schädigung oder Bedrohung eines Wirtschaftszweigs durch Dumping oder Feststellung einer erheblichen Verzögerung der Errichtung eines inländischen Wirtschaftszweigs durch Dumping.

Wie definiert das Antidumpingabkommen «Schädigung», «bedeutende Bedrohung» und «inländischer Wirtschaftszweig? Die «Feststellung der Schädigung» erfordert die Prüfung (1) des Umfangs der Dumpingeinfuhren und ihrer Auswirkungen auf die Preise gleichartiger Waren auf dem Inlandmarkt und (2) der Folgen der Importe für die inländischen Produzenten dieser Waren. Bei der Feststellung des Importvolumens ist auf die absolute oder relative Zunahme der Einfuhren abzustellen (z.B. auf Marktanteil im Verhältnis zur landeseigenen Produktion). So haben zum Beispiel die Kanadier im Jahr 1993 die Erhebung einer Antidumpingabgabe auf US-Stahlimporten mit der Zunahme des US-Marktanteils in Kanada von 4.5 im Jahr 1986 auf mehr als 16 Prozent im Jahr 1992 gerechtfertigt. Bei der Feststellung der «Unterpreisigkeit» geht es um die Frage, ob durch die Dumpingeinfuhren eine im Vergleich zum Inlandpreis erhebliche Preisunterbietung eingetreten ist, oder ob diese Einfuhren in anderer Form einen erheblichen Druck auf die Preise ausgeübt oder eine mögliche Preiserhöhung verhindert haben. So hat die EU-Kommission in den achtziger Jahren auf Kühlschrankimporten aus einzelnen Oststaaten Dumpingspannen von bis zu 70 Prozent ermittelt.

Die Feststellung der «Bedrohung» hat auf Tatsachen zu beruhen. Blosse Behauptungen und Vermutungen reichen zum Beweis der Bedrohung nicht aus. Die Bedrohung muss klar voraussehbar sein und unmittelbar bevorstehen. Von Bedrohung kann zum Beispiel die Rede sein, wenn aufgrund einer bereits getätigten Investition mit Sicherheit anzunehmen ist, dass in naher Zukunft Einfuhren zu Dumpingpreisen zu erwarten sind.

Der Begriff «inländischer Wirtschaftszweig» beinhaltet nach Art. 4.1 des Antidumpingabkommens alle «inländischen Erzeuger gleichartiger Waren oder diejenigen unter ihnen, deren Erzeugung insgesamt einen erheblichen Anteil an der gesamten Inlanderzeugung dieser Ware ausmacht». Sind inländische Anbieter mit ausländischen Firmen, die gedumpte Waren anbieten, liiert, können diese Firmen vom Verfahren ausgenommen werden. Betreffen die Importe nur einzelne Marktregionen innerhalb eines Landes, besteht die Möglichkeit, den einheimischen Markt in Teilmärkte aufzuteilen.

Antidumpingabgaben dürfen erst erhoben werden, wenn im Markt des Importlands ein Kausalzusammenhang zwischen Dumpingimporten und Schädigung oder Bedrohung nachgewiesen werden kann. In die Abklärung des Kausalzusammenhangs sind gemäss der in der Uruguay-Runde erweiterten Abkommensfassung alle relevanten Faktoren einzubeziehen, zum Beispiel die Importe, die nicht zu Dumpingpreisen verkauft werden, Veränderungen im Konsum- und Nachfrageverhalten, Änderungen der Handelspraktiken, technologische Entwicklungen, Produktivität der einheimischen Produktion usw. Antidumpingabgaben sind nur gerechtfertigt, wenn die Schädigung und die Bedrohung eines Wirtschaftszweigs auf Dumpingeinfuhren zurückgehen. Verursachen andere Faktoren die Schädigung der einheimischen Industrie, ist das Ergreifen von Antidumpingabgaben nicht erlaubt. In der Praxis ist eine diesbezügliche Abgrenzung oft äusserst schwierig.

Gemäss Antidumpingabkommen ist ein Verfahren abzubrechen, wenn die Differenz zwischen dem normalen Wert und dem Dumpingpreis weniger als 2 Prozent des Exportpreises, oder die betroffene Handelsmenge weniger als 3 Prozent des Handelsvolumens dieses Produktbereichs ausmacht.

Sind die Bedingungen für die Einführung einer Antidumpingmassnahme gegeben, hat das Importland das Recht, eine provisorische Abgabe in Form eines Zolls oder einer Depotgebühr zu erheben. Die Abgabe darf nicht früher als 60 Tage nach Aufnahme der Untersuchung für maximal vier beziehungsweise sechs Monate (nach Verlängerung) verfügt werden. Die Abgabe hat sich im Rahmen der festgestellten Preisspanne zu halten.

Im Gegensatz zur ursprünglichen Antidumpingregelung von 1967 enthält das Abkommen von 1995 zusätzliche Bestimmungen über die Geltungsdauer der verfügten Antidumpingabgaben.

Grundsätzlich dürfen – dies entspricht noch der alten Vorschrift – Antidumpingabgaben nur so lange aufrechterhalten werden, als das Dumping andauert. Ungeachtet dieser Grundregel gilt aber zusätzlich, dass definitiv verfügte Antidumpingabgaben nach einer Zeitspanne von fünf Jahren auslaufen, es sei denn, die Behörden stellen in einem neuen Verfahren das Fortdauern des Dumping fest.

Die Verantwortung für die Verwirklichung des Antidumpingabkommens trägt der neu geschaffene Ausschuss für Antidumpingpraktiken, der sich aus Vertretern der Vertragsparteien zusammensetzt und jährlich wenigstens zweimal zusammentritt. Bei Differenzen zwischen den Vertragsparteien über die Einführung von Antidumpingabgaben oder deren Höhe ist die Streitschlichtungsstelle der WTO anzurufen.

Das seinerzeitige Urteil von *Kenneth Dam*, der Antidumpingkodex von 1967 sei mehr ein Suchen nach Kompromisslösungen zwischen den unterschiedlichen Handelspraktiken einiger wichtiger Handelsparteien als eine gezielte Anstrengung, die bestehenden Lücken und Schwächen der Antidumpingregelung des GATT auszufüllen und zu verbessern (Dam (1970), S. 174f.), scheint auch nach der Uruguay-Runde noch Gültigkeit zu haben.

§ 7 Das Zollwertabkommen

Welcher Warenwert einer Zollberechnung zu Grunde gelegt wird, ist im Aussenhandel eine nicht unwesentliche Frage. Das GATT 47 enthielt zwar einige Bewertungsgrundsätze, die aber, wie die Praxis bewies, zu einer einheitlichen Zollwertberechnung nicht ausreichten. Zu unterschiedlich waren die von Land zu Land geltenden Zolltarifsysteme und Rechtsvorschriften und zu gross die Unsicherheit und Willkür in Fällen, in denen die aktuellen Fakturawerte der gehandelten Ware nicht objektiv ermittelbar waren (z.B. bei betriebseigenen Lieferungen und beim Warentausch). Zur Beseitigung dieser Mängel entstand in der Tokio-Runde das plurilaterale «Übereinkommen zur Durchführung des Art. VII des GATT», das von der WTO übernommen wurde und am 1. Januar 1995 als multilaterales «Übereinkommen zur Durchführung des Art. VII des GATT 1994» in Kraft trat (Agreement on Implementation of Article VII of the GATT 1994).

Das Abkommen sieht fünf Zollwertbestimmungsmethoden und eine Auffangklausel vor. Die einzelnen Methoden stehen in einer hierarchischen Ordnung zueinander. Kann der Zollwert nicht nach der ersten Methode berechnet werden, kommt die zweite zur Anwendung usw. Hinsichtlich der vierten und fünften Methode steht dem Importeur das Recht zu, eine Umkehrung der Reihenfolge zu beantragen.

Erste Methode: Als Zollwert der eingeführten Ware gilt der Transaktionswert, das heisst der für die eingeführte Ware tatsächlich bezahlte Preis (inkl. Maklergebühren und Verpackungskosten).

Zweite Methode: Ist der tatsächlich bezahlte Preis einer eingeführten Ware nicht bekannt, entspricht der Zollwert dem Transaktionswert gleicher Ware, die unter den gleichen Konkurrenzverhältnissen importiert wird. Falls keine direkte Vergleichbarkeit besteht, ist eine entsprechende Berichtigung vorzunehmen.

Dritte Methode: Gelangen die ersten beiden Methoden nicht zur Anwendung, wird der Preis gleichartiger (nicht gleicher) Ware als Zollwert angenommen.

Vierte Methode: Ist es nicht möglich, den Zollwert nach den ersten drei Methoden zu berechnen, erfolgt dessen Ermittlung entsprechend dem im Einfuhrland erzielten Verkaufswert der Ware, unter Abzug der angefallenen Kosten sowie einer üblichen Gewinnmarge.

Fünfte Methode: Der Zollwert entspricht der Summe der Herstellungskosten, der Handelsmarge im Ausfuhrland sowie der in der ersten Methode erwähnten Nebenkosten.

Auffangklausel: Ist der wirkliche Zollwert einer Ware nach den ersten fünf Methoden nicht ermittelbar, errechnet die Zollverwaltung den Wert aufgrund von Fakten, die dem wirklichen Wert am nächsten kommen.

In institutioneller Hinsicht wurde ein Zollwert-Ausschuss aus Vertretern der Vertragsparteien geschaffen, der jährlich einmal zusammentritt und für die Durchführung des Abkommens verantwortlich ist. Im Gegensatz zum Abkommen von 1981 enthält die neue Vereinbarung keine speziellen Vorschriften über die Streitschlichtung. Bei Differenzen über die Berechnung des Zollwerts haben sich die Vertragspartner an die WTO-Streitschlichtungsstelle zu wenden.

§ 8 Das Abkommen über die Versandkontrolle

Das Abkommen über die Versandkontrolle (Agreement on Preshipment Inspection), seit 1. Januar 1995 in Kraft, findet nach Art. 1 des Abkommens «auf alle im Gebiet eines Mitglieds vor dem Versand durchgeführten Kontrolltätigkeiten Anwendung», die im Auftrag eines Staates von privaten Firmen durchgeführt werden. Privater Kontrollstellen bedienen sich vor allem die Entwicklungsländer, die administrativ kaum in der Lage sind, ihren Aussenhandel auf Kapitalflucht, Exportverbotsumgehung und Zollhinterziehung hin zu überprüfen und die erforderlichen Zertifizierungen vorzunehmen. Zurzeit bekannte international tätige Inspektionsfirmen sind die britische Intertek Testing Services (IST), die schweizerische Société Générale de Surveillance (SGS) und die französische Véritas.

Das Abkommen hält die Bedingungen fest, die bei solchen Kontrollen einzuhalten sind: Nichtdiskriminierung zwischen ausländischen Handelspartnern (Prinzip der Meistbegünstigung), Gleichstellung zwischen in- und ausländischen Importeuren und Exporteuren (Inländerprinzip), Beschränkung der Kontrollen auf das eigene Zollhoheitsgebiet, Auskunftspflicht der kontrollierenden Stellen über die zu erfüllenden Bedingungen und deren gesetzlichen Grundlagen, vertraulicher Umgang mit den Kontrollergebnissen, das heisst Verbot der Weitergabe von vertraulichen Informationen an Dritte oder deren Veröffentlichung, Vermeidung unnötiger Verzögerungen bei der Kontrolle, Einhaltung der gegenseitig ausgemachten Kontrollzeiten sowie Bekanntgabe der Kontrollergebnisse an die Betroffenen innerhalb von fünf Arbeitstagen.

Grundsätzlich sind die Handelspreise, die zwischen Exporteuren und Importeuren vertraglich ausgemacht werden, von den Kontrollinstanzen zu akzeptieren, es sei denn, die Kontrollorgane stellen unverhältnismässig grosse Differenzen zwischen den vertraglich vorgelegten und den Preisen für gleiche oder vergleichbare Güter aus dem gleichen Land zur gleichen Zeit und unter gleichen Voraussetzungen fest. Als Vergleichsbasis nicht verwendet werden dürfen die Verkaufspreise im Inland, die Preise anderer Exportländer, die Produktionskosten und Preisschätzungen.

Das Abkommen verlangt die Schaffung unabhängiger Schlichtungsstellen zur Beilegung von Streitigkeiten zwischen den Exporteuren und den Versandkontrollfirmen. Diese Stelle setzt sich aus Vertretern einer die Versandkontrollstellen vertretenden Organisation und einer Organisation, welche die Exporteure vertritt, zusammen. Streitigkeiten zwischen den Mitgliedern der WTO, die das Funktionieren dieses Übereinkommens betreffen, fallen unter die Streitschlichtungsordnung der WTO (Art. XXIII GATT, ergänzt durch die Vereinbarung über Streitbeilegung).

§ 9 Das Abkommen über Ursprungsregeln

Im Zusammenhang mit den Prinzipien der Meistbegünstigung und der Inlandgleichbehandlung sowie der Regelung mengenmässiger Beschränkungen ist im WTO-Vertragswerk stets von «Waren aus einem anderen Land» oder «Waren aus dem Gebiet» die Rede, ohne je den Ursprung des Guts zu definieren. Der Ursprung einer Ware ist dann von Bedeutung, wenn die Grenzabfertigung mit der Herkunft des Handelsguts verknüpft ist, wenn zum Beispiel der Import eines Produkts aus einem Land, mit dem ein Freihandels- oder Präferenzabkommen besteht, zollfrei ist, wogegen das gleiche Produkte mit Ursprung in einem anderen Land einem Zoll unterliegt. Dazu kommt, dass das Ursprungszeugnis (auch Warenverkehrsbescheinigung genannt) in der Regel von Freihandelsraum zu Freihandelsraum verschieden ist und oft wegen der Kompliziertheit zu einem eigentlichen nichttarifären Handelshemmnis ausartet. Bis heute haben sich allein die EU (27), die EFTA-Staaten und Kroatien auf eine paneuropäische Warenverkehrsbescheinigung geeinigt. Alle anderen Freihandelsräume (zurzeit sind 178 Freihandelsräume bei der WTO notifiziert) haben ihre eigenen Dokumente und Formulare. Mit dem Ziel, den Ursprungsnachweis zu vereinheitlichen und zu vereinfachen, entstand in der Uruguay-Runde das nun vorliegende Abkommen über die Ursprungsregeln, das am 1. Januar 1995 in Kraft trat (Agreement on Rules of Origin).

Das Abkommen verfolgt die Strategie einer lang- und kurzfristigen Problembewältigung. Auf lange Sicht wird ein Programm der Harmonisierung der Ursprungsregeln in Zusammenarbeit mit dem Brüsseler Zollkooperationsrat (Customs Co-operation Council, CCC) angestrebt. Bis zur Verwirklichung einer endgültigen Ursprungsregelung gilt das am 1. Januar 1995 in Kraft getretene Abkommen, das die Vertragspartner zu den Prinzipien der Meistbegünstigung und Inlandgleichbehandlung, zu Transparenz und gemeinsamer Streitschlichtung verpflichtet.

Das Abkommen gliedert sich in vier Teile: (1) die Definition der Ursprungsregeln, (2) die Anwendungsvorschriften, (3) die Notifizierung, die Überprüfung, die Konsultationen und die Streitbeilegung sowie (4) das künftige Arbeitsprogramm.

Ursprungsregeln sind alle Gesetze, Verordnungen und administrativen Vorschriften, die ein WTO-Mitglied zur Bestimmung des Ursprungsorts von Waren anwendet.

Bis zum Inkrafttreten des in der WTO noch zu erarbeitenden Programms haben die Vertragspartner dafür zu sorgen, dass bei der Anwendung des Kriteriums des Zollpositionenwechsels genaue Angaben über die Zolllinien und bei der Anwendung eines Prozentkriteriums genaue Hinweise auf die Berechnungsmethode gegeben sind. Nach gegenwärtiger allgemeiner Praxis wird der Ursprung einer Ware nach zwei Kriterien ermittelt: Nach dem Kriterium der vollständigen Erzeugung oder dem Kriterium der ausreichenden Be- oder Verarbeitung. Eine «vollständige» Produktion liegt in der Regel bei landwirtschaftlichen Erzeugnissen und bei Bergbauprodukten vor, das heisst bei Erzeugnissen, die im Wesentlichen ohne Vor- oder Nebenprodukte aus dem Ausland produziert werden. Im Gegensatz dazu ist von einer «ausreichenden» Be- oder Verarbeitung die Rede, wenn ein importiertes Produkt in einer Art und Weise und in dem Masse be- oder verarbeitet worden ist, dass es von einer Zollposition in eine andere wechselt. Dabei liegt es bis heute im Ermessen der einzelnen Handelspartner, darüber zu befinden, wie viele Stellen der Zollnomenklatur zum so genannten «Tarifsprung» ausreichen. Bei Prozentregeln ist die Berechnungsart der Wertkomponenten zu definieren und bei Listenregeln der ursprungsbegründende Arbeitsvorgang. Die Vertragspartner sind aufgefordert, darauf zu achten, dass die Ursprungsregeln nicht für handelspolitische Ziele missbraucht werden, dass die Ursprungsregeln den Handel nicht einschränken, stören oder verzerren, und dass die getroffenen Bestimmungen nicht gegen die Prinzipien der Meistbegünstigung und der Inlandgleichbehandlung verstossen. Sie haben für eine angemessene, unvoreingenommene und unparteiische Administrierung der Ursprungsregeln zu sorgen und sind in rechtlich verbindlicher Art auskunftspflichtig.

Das Abkommen sieht vor, dass die anfallenden Arbeiten vom Komitee für Ursprungsregeln und vom Technischen Komitee für Ursprungsregeln erledigt werden. Für die gegenseitige Konsultationspflicht und die Streitbeilegung gelten die Art. XXII und XXIII GATT sowie die WTO-Vereinbarung über die Streitschlichtung.

Gemäss Art. 9 des Abkommens nimmt die Ministerkonferenz im Einvernehmen mit dem Brüsseler Zollkooperationsrat ein Arbeitsprogramm über die längerfristige Harmonisierung der Ursprungsregeln in Angriff. Die in Aussicht gestellten Ergebnisse des Harmonisierungsprogramms sollen dem heute geltenden Abkommen beigefügt werden. Bis heute (Stand Anfang 2009) ist es dem WTO-Ausschuss für Ursprungsregeln nicht gelungen, die weltweit unterschiedlichen Ursprungsregeln auf einen gemein samen Nenner zu bringen.

Die Verwirklichung der technischen Anhänge des Abkommens obliegt dem Ausschuss für Ursprungsregeln und dem Technischen Ausschuss unter Aufsicht des Brüsseler Zollkooperationsrats.

§ 10 Das Abkommen über Importlizenzen

Import- und Exportlizenzen sind staatliche Bewilligungen zur Einfuhr oder Ausfuhr einer bestimmten Ware in einer bestimmten Menge zu einer bestimmten Zeit von oder nach einem bestimmten Land. Das Recht unterscheidet zwischen «automatischen» und «nichtautomatischen» Lizenzen. Die automatischen Lizenzen werden «ohne weiteres» gewährt und dienen der Handelsstatistik. Die nichtautomatischen Lizenzen sind eigentliche Ein- oder Ausfuhrgenehmigungen zur staatlichen Durchsetzung mengenmässiger Kontrollen und Handelsschranken. Lizenzen bestehen vor allem im Textilhandel und vereinzelt im Agrar- und Rohproduktehandel.

In der Absicht, die Lizenzverfahren mit den GATT-Bestimmungen in Übereinstimmung zu bringen, entstand in der Tokio-Runde das plurilaterale Übereinkommen über Einfuhrlizenzverfahren, das von der WTO ohne grosse Änderungen übernommen und auf den 1. Januar 1995 als multilaterales Abkommen in Kraft gesetzt wurde (Agreement on Licensing Procedures). Die während der Uruguay-Runde von den USA vorgeschlagene Reduktion der Lizenzen und deren zeitliche Begrenzung sowie die von der EU geforderte Ausweitung der Lizenzen auf den Export sind nicht in den Vertrag eingegangen.

Das Hauptanliegen des Abkommens ist, die mit den Einfuhrlizenzen verbundenen administrativen Umtriebe auf ein notwendiges Minimum zu reduzieren und so auszugestalten, dass sie nicht handelshemmend und zwischen den WTO-Mitgliedern nicht diskriminierend wirken.

Das Abkommen fordert die Vertragspartner auf, die für die Erlangung einer Importlizenz zu erfüllenden Bedingungen einzuhaltenden Eingabe- und Verfalldaten, bestehenden Ausnahmen sowie Anzahl der zu vergebenden Lizenzen bekannt zu machen. Unter die Informationspflicht fallen auch die Angaben über die Art der Administrierung der Importlizenzen, die vorgenommene Verteilung der Importe sowie – wenn vorhanden – die bisher getätigten Importe. Im Falle nicht ausdrücklich landgebundener Lizenzen sollen die Lizenzinhaber in der Wahl der Bezugsländer frei sein. Bei ländergebundenen Lizenzen sind die begünstigten Länder bekannt zu geben. Das Abkommen verlangt zudem von der Verwaltung, die Lizenzanträge innerhalb von 60 Tagen zu beantworten.

Die landesinternen Gesetze waren dem Abkommen über Importlizenzen bis spätestens zu seinem Inkrafttreten anzupassen. Und

Vertragspartner, die neu Lizenzen bewirtschaften, haben ihre Regeln dem Lizenzenausschuss mitzuteilen (Erstellung von Produktelisten sowie Bekanntgabe von Informationsstellen, Antragsbehörden und Veröffentlichungsorganen).

Für die Beilegung von Handelsstreitigkeiten zwischen den Vertragspartnern ist die Streitschlichtungsstelle der WTO zuständig.

§ 11 Das Subventionsabkommen

Die Exportsubventionen und entsprechenden Gegenmassnahmen sind im Welthandel von grosser Bedeutung und stehen immer wieder im Mittelpunkt der Diskussion über die Welthandelsordnung. Die wichtigsten Subventionsempfänger sind die Landwirtschaft, der Bergbau, die Textilwirtschaft sowie der Flugzeug-, Fahrzeug- und Schiffsbau.

Die Gewährung von Subventionen hat im allgemeinen zwei Ursachen: Erstens stehen Politik und Verwaltung (besonders in Zeiten schlechter Wirtschaftslage) unter dem Druck, sektorielle und regionale Beschäftigungsprobleme anzugehen, Arbeitsplätze in der Exportwirtschaft zu halten und zu schaffen sowie die Ausfuhr einheimischer Produkte zu fördern. Zweitens sind Subventionen als wirtschaftspolitische Instrumente (aus der Sicht der Regierungen und Politiker) leichter durchzusetzen als Änderungen der Zollgesetze oder die Einführung von Importkontingenten oder anderen protektionistischen Massnahmen. In der Uruguay-Runde wurden die bis anhin geltenden Subventionsbestimmungen einer Revision unterzogen und in neuer Fassung als Abkommen über Subventionen und Ausgleichsmassnahmen (Agreement on Subsidies and Countervailing Measures) auf den 1. Januar 1995 in Kraft gesetzt.

Das Abkommen definiert die Subventionen als Finanzhilfe der Regierung oder einer öffentlichen Institution in Form von Direktzahlungen oder anderen staatlichen Massnahmen zur Förderung des Exports oder zur Bevorzugung von einheimischen Produkten gegenüber Importerzeugnissen. Dabei unterscheidet das Abkommen zwischen spezifischen und nicht spezifischen Subventionen. Spezifische Subventionen richten sich an eine fest begrenzte Auswahl von Unternehmen ohne Zutrittsmöglichkeit für Dritte. Nicht spezifische Subventionen stehen allen Unternehmen offen, die gewisse im Voraus bekannte Bedingungen erfüllen. Gegenstand des Abkommens sind in erster Linie die spezifischen Subventionen. Die Agrarsubventionen fallen nicht unter das Subventionsabkommen. Sie werden im Agrarabkommen geregelt.

Das Abkommen unterteilt die spezifischen Subventionen in drei Gruppen: verbotene, begrenzt verbotene und erlaubte Subventionen.

Zu den verbotenen Subventionen zählen jene Beihilfen, die rechtlich oder faktisch, allein oder zusammen mit anderen Massnahmen, den Export begünstigen oder die Verwendung von einheimischen Produkten gegenüber Importgütern bevorteilen. Darunter fallen: Direktzahlungen an Firmen zur Förderung des Exports und ähnliche Praktiken, die einem Exportbonus gleichkommen, die Bevorzugung der einheimischen Exporteure gegenüber ausländischen Anbietern über niedrigere Transport- und Verladekosten, die staatliche Abgabe von verbilligten Vorprodukten an Exporteure, die Gewährung von Vorteilen bei der direkten und indirekten Besteuerung sowie bei der Berechnung der Sozialabgaben, die staatliche Übernahme von Exportrisiken usw. Die Liste der verbotenen Subventionen ist nicht abschliessend. Vermutet eine Vertragspartei die Gewährung von verbotenen Exportsubventionen durch eine andere Vertragspartei, hat sie das Recht, entsprechende Konsultationen mit dem betreffenden Handelspartner zu verlangen. Führen die gegenseitigen Aussprachen zu keinem befriedigenden Ergebnis, steht jedem Vertragspartner das Anrufen der Streitschlichtungsstelle der WTO zu. Bestätigen das

Panel und allenfalls die Rekursinstanz das Vorliegen einer verbotenen Subvention, ist diese unverzüglich zu beseitigen oder der davon betroffene Partner darf Ausgleichsmassnahmen ergreifen. Die der Streitschlichtungsstelle der WTO vorgegebenen Fristen zur Beurteilung der verbotenen Subventionen betragen drei Monate für das Panel und einen bis maximal zwei Monate für die Rekursinstanz (die Hälfte der üblichen WTO-Streitschlichtungsfristen).

Begrenzt verboten sind die Subventionen, welche die Industrie eines Handelspartners ernsthaft schädigen, gefährden oder bedrohen, oder Zugeständnisse und Vorteile, die sich aus dem Vertrag ergeben, zunichte machen oder schmälern. «Ernsthaft» ist gemäss Art. 6.1 Subventionsabkommen die Schädigung oder Bedrohung, wenn die Subventionen 5 Prozent des Produktwerts überschreiten, oder wenn anhaltende Betriebsverluste durch den Staat gedeckt oder Schulden gegenüber dem Staat gestrichen werden, wenn wegen der staatlichen Beihilfe die Nachfrage nach Importprodukten auf inländische Erzeugnisse umgelenkt wird, wenn in einem Zielmarkt die Importe aus einem Drittland verdrängt werden usw. In allen diesen Fällen verlangt das Subventionsabkommen die Umkehr der Beweislast. Der die Subventionen gewährende Staat hat den Beweis zu erbringen, dass diese staatlichen Beiträge zu keiner Schädigung oder Bedrohung der Wirtschaft des anderen Vertragspartners führen. Bestehende Differenzen können der Streitschlichtungsstelle der WTO unterbreitet werden. Dem Panel steht eine Frist von vier und der Rekursinstanz eine solche von zwei Monaten zur Beurteilung des Streitfalls zu.

Unter die erlaubten Subventionen fallen die staatlichen Beiträge zu Gunsten der Forschung und Entwicklung in Unternehmungen, Forschungsanstalten und Schulen sowie regional- und umweltschutzbegründete Hilfen. Ist eine Vertragspartei der Meinung, durch die als erlaubt geltenden Subventionen ernsthaft geschädigt oder bedroht zu werden, kann sie – wie beim Vorliegen verbotener und begrenzt verbotener Subventionen – um Konsultationen mit dem die Subventionen gewährenden Handelspartner ersuchen. Führen die Konsultationen zu keiner einvernehmlichen Lösung, hat sie die Möglichkeit, den Streitfall dem in der Uruguay-Runde geschaffenen Ausschuss für Subventionen und Ausgleichsmassnahmen (nicht der offiziellen Streitschlichtungsstelle der WTO) vorzulegen, der binnen vier Monaten einen Entscheid zu treffen hat. Dem Entscheid ist innerhalb von sechs Monaten nachzukommen, andernfalls darf der davon betroffene Partner angemessene Gegenmassnahmen ergreifen.

Das Abkommen anerkennt die mögliche Bedeutung der Subventionen für Entwicklungsländer. Länder mit einem jährlichen Pro-Kopfeinkommen von weniger als 1000 US$ sind von sämtlichen Subventionsvorschriften entbunden. Für die übrigen Drittweltländer (mit einem Pro-Kopfeinkommen von über 1000 US$) erlangte das Abkommen acht Jahre nach dessen offiziellen Inkrafttreten, das heisst am 1. Januar 2003 Verbindlichkeit.

§ 12 Das Abkommen über die Schutzklausel

Führen die in der WTO eingegangenen Verpflichtungen und Konzessionen (in Form von Zollreduktionen und Zugeständnissen nichttarifärer Art) im Gebiet einer Vertragspartei zu einem derart starken Ansteigen der Importmengen oder einer derartigen Verschlechterung der Importbedingungen, «dass dadurch den inländischen Produzenten gleichartiger oder unmittelbar konkurrierender Waren [...] ein ernsthafter Schaden zugeführt wird oder zugefügt zu werden droht», steht der geschädigten Vertragspartei gemäss Art. XIX GATT das Recht zu, eingegangene Zugeständnisse ganz oder teilweise zurückzunehmen oder abzuändern. Dieser Schutzartikel ist einer der neuralgischen Punkte der Welthandelsordnung. Keine Bestimmung des GATT ist so oft zum Schutz der eigenen Wirtschaft angerufen und offensichtlich zum Teil auch derart missbraucht worden wie dieser so genannte Notstandsartikel. Rund die Hälfte der bisherigen Handelsstreitigkeiten im GATT und in der WTO hat sich auf Art. XIX GATT bezogen.

Die Ministererklärung von 1986 forderte die Verhandlungspartner auf, die Schutzklausel zu überarbeiten, den Begriff der ernsthaften Schädigung und Bedrohung klarer zu definieren sowie die Konsultationen, die Dauer der verhängten Massnahmen, die Notifizierung, die Überwachung und die Streitschlichtung genauer zu regeln. Das Ziel war, den berechtigten Schutz für echte Notsituationen zu belassen, ohne dadurch dem Missbrauch von Gegenmassnahmen Vorschub zu leisten. Die Grundausrichtung der Erklärung war nicht umstritten. Zu Reden gab jedoch das Problem der selektiven Anwendung von Schutzmassnahmen. Die EU forderte, die Massnahmen selektiv auf jene Partner anwenden und auszurichten zu dürfen, die den Handel effektiv stören. Die Einhaltung des mfn-Prinzips mache bei den Schutzmassnahmen keinen Sinn. Für die marktmässig schwachen Partner hingegen war die Selektivität kein Verhandlungsthema. Sie befürchteten, mit der Preisgabe der Meistbegünstigung der Willkür der Handelsmächtigen ausgeliefert zu werden. Die USA bezogen im Streit um die Selektivität keine Position. Ihrer Ansicht nach war die Frage der Selektivität verhandelbar. Während der ganzen Dauer der Uruguay-Runde beharrten die Verhandlungspartner auf ihren Positionen, so dass es in der Schlussphase der Runde darum ging, die Verhandlungen mit einem Kompromiss abzuschliessen, in dem kein WTO-Mitglied alles, und jedes WTO-Mitglied etwas bekam. Die von der EU geforderte Selektivität reduzierte sich auf ein Minimum (Notifikations- und Konsultationspflicht, Zusammenarbeit mit dem WTO-Ausschuss für Schutzmassnahmen) und die Entwicklungsländer mit kleinen Marktanteilen wurden von den Schutzmassnahmen ausgenommen. Das Abkommen über die Schutzmassnahmen (Agreement on Safeguards) trat am 1. Januar 1995 in Kraft.

Das Abkommen über die Schutzmassnahmen hält sich über weite Strecken wortgleich an Art. XIX GATT, listet die Bedingungen auf, unter denen Schutzmassnahmen ergriffen werden dürfen, legt das einzuhaltende Verfahren bei Untersuchungen fest und klärt im einzelnen, was unter «ernsthafter Schädigung» und «drohender ernsthafter Schädigung» zu verstehen ist. Nach Art. 4 des Abkommens versteht sich eine «ernsthafte Schädigung» als «eine bedeutende umfassende Schmälerung der Lage in einem inländischen Wirtschaftszweig» und eine «drohende ernsthafte Schädigung» als «eine klar bevorstehende ernsthafte Schädigung [...]».

Kann ein Importland einen schwer gut zu machenden Schaden nachweisen, erlaubt das Abkommen vorläufige Schutzmassnahmen für 200 Tage in Form von Zollerhöhungen. Während dieser Zeit ist das ordentliche Verfahren (Konsultationen, Abklärung des Schadens und der Bedrohung) durchzuführen. Bei einer Schadens- oder Bedrohungsverneinung sind die bereits erhobenen Zölle zurückzuerstatten.

Eine definitive Schutzmassnahme darf nur so lange angewandt werden, als sie notwendig ist, zunächst nicht über vier Jahre. Eine Verlängerung um weitere vier Jahre ist möglich. Während der vorgegebenen Zeit ist die Verschärfung der Schutzmassnahme nicht erlaubt. Kann der Nachweis erbracht werden, dass die effektiven Importe aus einem bestimmten Land «in unverhältnismässigem Ausmass im Verhältnis zur Gesamtzunahme der Einfuhren» zugenommen hat, ist nach Art. 5 des Abkommens über Schutzmassnahmen ein Abweichen vom Prinzip der Meistbegünstigung erlaubt, im Gegensatz zur blosser Bedrohung, die ein selektives Vorgehen nicht gestattet.

Gegen ein Entwicklungsland darf keine Schutzmassnahme ergriffen werden, wenn dessen Importanteil beim betreffenden Produkt im Bestimmungsland unter 3 Prozent liegt und die totalen Importe dieses Produkts aus den wirtschaftlich schwachen Staaten im Bestimmungsland insgesamt 9 Prozent der Importe dieses Guts nicht übersteigen.

Von besonderer Bedeutung ist Art. 11 des Abkommens über Schutzmassnahmen, das Verbot von freiwilligen Selbstbeschränkungsmassnahmen. Die Abkommenspartner verpflichten sich, «freiwillige Ausfuhrbeschränkungen, Absatzmarktabsprachen oder sonstige ähnliche ausfuhr- oder einfuhrseitige Massnahmen» (oft auch als «grey-area-Massnahmen», «voluntary export restraints» und «orderly marketing arrangements» bezeichnet) weder anzustreben noch vorzunehmen noch aufrechtzuerhalten. Bestehende bilaterale Selbstbeschränkungsabkommen waren im Verlauf von vier Jahren nach Inkrafttreten des Abkommens, also bis Ende 1998, aufzuheben. Die so genannten «Bereinigungsarbeiten» erwiesen sich indessen als langwierig und schwierig und sind bis heute (Frühjahr 2009) noch nicht abgeschlossen.

Anmerkung des Autors: Der Vollständigkeit wegen ist an dieser Stelle darauf hinzuweisen, dass in der Uruguay-Runde weitere drei Zusatzabkommen ausgehandelt und abgeschlossen wurden, Abkommen, die in der Zwischenzeit ausgelaufen sind: Die beiden *Abkommen über Rindfleisch und Milcherzeugnisse* aus der Tokio-Runde wurden 1995 in unveränderter Form als plurilaterale Abkommen dem WTO-Vertragswerk beigefügt und (wegen ihrer Wirkungslosigkeit) auf Ende 1997 ausser Kraft gesetzt. – Das *Textilabkommen* (Agreement on Textiles and Clothing) trat am 1.1.1995 als multilaterales Abkommen für eine Zeitdauer von 10 Jahren in Kraft, d.h. das Abkommen lief auf den 31.12.2004 aus. Das Ziel des Textilabkommens war, den bisher ausserhalb des GATT (im Rahmen des Multifaserabkommens, MFA) geregelten Textilhandel in die Handelsordnung des GATT zu integrieren. Diese Integration erfolgte in vier Phasen. 1. Phase: Abbau der bestehenden Importkontingente um wenigstens 16% bis 1.1.1995; 2. Phase: weitere Reduktion um wenigstens 17% bis 1.1.1998; 3. Phase: weitere Reduktion um wenigstens 18% bis 1.1.2002; 4. Phase: Abbau der noch verbleibenden Importkontingente bis 31.12.2004. Als Grundlage diente das Importvolumen des Jahres 1990. Gleichzeitig verlangte das Abkommen, die jeweils noch bestehenden Restriktionen jährlich um einen bestimmten Prozentsatz (16–27%) zu liberalisieren. Ausserhalb des MFA bestehende Handelsrestriktionen waren bis Ende der zehnjährigen Übergangszeit zu beseitigen.

5. Teil: Das Allgemeine Dienstleistungsabkommen (GATS)

Die Welthandelsordnung des GATT 47 bezog sich ausschliesslich auf den Handel mit Waren. Die Kompetenz, den Dienstleistungshandel zu regeln, verblieb bei den einzelnen Staaten. Der damalige Nichteinbezug der Dienstleistungen in die Welthandelsordnung mag dadurch begründet gewesen sein, als nach dem Zweiten Weltkrieg dem Dienstleistungshandel mit rund 10 Prozent des Güterhandels keine so grosse Bedeutung zukam wie dies heute mit 25 bis 30 Prozent der Fall ist. Eine statistisch genaue Abgrenzung zwischen Gütern und Dienstleistungen ist oft schwierig, vor allem, wenn die Dienstleistungen einen integrierenden Bestandteil eines gehandelten Gutes bilden, wie zum Beispiel bei computergesteuerten Maschinen und Geräten, oder wenn die Dienstleistungen an «Hardware» gebunden sind, wie im Handel von auf CDs gespeicherten Computer- oder Musikprogrammen. In der Regel wird ein Gut als «Ware» bezeichnet, wenn der effektive Warenwert des Guts über 50 Prozent ausmacht. Bei über 50 Prozent Dienstleistungswert ist die Rede von Dienstleistungen. Der Dienstleistungshandel verteilt sich gegenwärtig zu ungefähr je einem Drittel auf den Personentransport, den Gütertransport und die übrigen Dienstleistungen wie Consulting und Engineering, Kommunikation sowie Finanz- und Versicherungsleistungen.

An der Ministerkonferenz von 1986 verlangten einzelne GATT-Vertragspartner, insbesondere die Industriestaaten und innerhalb dieser Gruppe an erster Stelle die USA, die grenzüberschreitenden Dienstleistungen in die neu zu schaffende Welthandelsordnung einzubeziehen. Auch im Dienstleistungsbereich seien möglichst freie und offene Märkte zu schaffen. Widerstand leisteten die Entwicklungsländer unter der Führung Brasiliens und Indiens. Sie befürchteten eine zunehmende Konkurrenzierung ihrer eigenen (staatlichen) Dienstleistungsangebote durch Firmen der Industriestaaten. Zudem vertrat die Dritte Welt die Ansicht, die vorliegenden Vorschläge würden dem Technologietransfer zu Gunsten der wirtschaftlich schwachen Staaten, der Verschuldung der armen Länder und der internationalen Arbeitsmobilität zu wenig Rechnung tragen. Im Verlauf der Uruguay-Verhandlungen kamen noch weitere Problembereiche hinzu, die Hochseeschifffahrt und die audiovisuellen Dienste. Die USA waren nicht bereit, in der Hochseeschifffahrt substanzielle Marktzugangsverpflichtungen ohne entsprechende Gegenleistungen von Seiten der übrigen Handelspartner einzugehen. Und die Europäische Union verschloss sich einer Liberalisierung des audiovisuellen Dienstleistungsbereichs und forderte eine «exception culturelle» (vor allem auf Druck Frankreichs und Belgiens hin). Das am 1. Januar 1995 in Kraft getretene Allgemeine Abkommen über den Handel mit Dienstleistungen (General Agreement on Trade in Services, GATS) ist somit der kleinste gemeinsame Nenner des Erreichbaren, ein Abkommen im Entstehen. Die Vertragspartner verpflichteten sich, keine zusätzlichen Handelshemmnisse einzuführen («stand-still-Klausel», Art. XVI GATS) und auf längere Sicht den institutionellen Rahmen einer weiteren Liberalisierung zu schaffen («built-in-agenda-Klausel», Art. XIX GATS).

Wie im Zusammenhang mit der WTO als Institution bereits dargelegt, wurde ein Rat für den Handel mit Dienstleistungen geschaffen, dem es freisteht, für Sachfragen entsprechende Arbeitsgruppen einzusetzen. Die Aufgabe des Rats ist die Verwirklichung der Vertragsvereinbarungen.

Allfällige Differenzen zwischen den Vertragsparteien sind gemäss Abkommen in gegenseitigen Verhandlungen zwischen den beteiligten Parteien auszuräumen. Dabei steht es jeder Vertragspartei frei, ihr Anliegen dem GATS-Rat oder der WTO-Streitschlichtungsstelle vorzutragen. Ausgenommen von diesem Verfahren sind die Doppelbesteuerungsabkommen zwischen zwei oder mehreren Handelspartnern. Differenzen innerhalb der Besteuerungsvereinbarungen fallen ausschliesslich in den Kompetenzbereich der beteiligten Partner. Ein Weiterziehen von Steuerfragen an den Rat oder die WTO-Streitschlichtungsstelle ist nur im gegenseitigen Einvernehmen zwischen den betroffenen Parteien möglich.

§ 1 Die Definition der Dienstleistungen

Bei der Schaffung einer weltweiten Dienstleistungsordnung nahm die WTO eine Gliederung der Dienstleistungen nach dem Standortkriterium der Erbringung und der Nutzung von Diensten vor. Das GATS unterscheidet zwischen vier wirtschaftlich relevanten Erbringungseigenheiten von Dienstleistungen (über die Definition der Dienstleistung in Abgrenzung zur Ware vgl. Koehler (1999), S. 28ff.):

Erbringung einer Dienstleistung durch eine Person oder eine Unternehmung im Land A für einen Kunden im Land B. Es handelt sich beispielsweise um die Entwurfsarbeiten eines Architekten im Land A für einen Bauherrn im Land B oder um die Durchführung einer Studie im Land A für einen Auftraggeber im Land B («Crossborder supply»).

Erbringung einer Dienstleistung im Land A bei gleichzeitiger Nutzung durch einen Dienstleistungsnachfrager aus dem Land B. Darunter fallen die Leistungen des Tourismus in Form der Nachfrage nach Hotelübernachtungen, Mahlzeiten und kulturellen Veranstaltungen im Land A durch Touristen aus dem Land B («Consumption abroad»).

Erbringung einer Dienstleistung durch einen Anbieter des Landes A im Land B über eine kommerzielle Präsenz. Dies ist beispielsweise der Fall bei Dienstleistungen der im Land B niedergelassenen Agenturen und Filialen von Banken und Versicherungen des Landes A («Commercial presence»).

Erbringung einer Dienstleistung durch einen Anbieter des Landes A im Land B über die Präsenz natürlicher Personen im Land B. Zu dieser Gruppe gehören beispielsweise Buchprüfungs- und Beratungsarbeiten von Personen des Landes A, die sich zur Erledigung ihres Auftrags ins Land B begeben («Presence of natural persons»).

Gewährt ein Partner Handelsfreiheit für eine Dienstleistung im Sinne der Ziffern 1 und 3 der vorangehenden Aufzählung, gilt diese Freiheit automatisch auch für die damit verbundenen grenzüberschreitenden Kapitaltransfers und Zahlungen.

Das GATS erfasst alle den Handel mit Dienstleistungen betreffenden Massnahmen der Mitglieder. Unter den Begriff «Mitglieder» zählt das GATS die zentralen, regionalen und lokalen Regierungen und Behörden sowie die nichtstaatlichen Stellen, die mit der Ausübung öffentlicher Aufgaben betraut sind.

Nicht unter die GATS-Bestimmungen fallen die Leistungen der ausländischen Arbeitskräfte des Landes A, die Zugang zum Arbeitsmarkt des Landes B mit dem Ziel einer ständigen Anstellung suchen.

Vom GATS ausgeklammert sind zudem die Massnahmen zur Bekämpfung von schwerwiegenden Zahlungsbilanz- und aussenwirtschaftlichen Finanzschwierigkeiten, die Massnahmen im Zusammenhang mit dem öffentlichen Beschaffungswesen, die Massnahmen zur Wahrung der öffentlichen Sittlichkeit, Ordnung und Sicherheit sowie die Massnahmen zum Schutz des Lebens und der Gesundheit von Menschen, Tieren und Pflanzen. Das GATS erfasst, in Anlehnung an die zu Beginn des GATS-Abschnitts gegebene Definition, auch jene Dienstleistungen nicht, die in Form einer Wertmehrung in ein physisches Gut eingegangen sind und nicht mehr als 50 Prozent des gesamten Werts dieses Guts ausmachen. Diese Werte, wie zum Beispiel warengebundene Transport-, Versicherungs-, Bank- und Lagerleistungen, sind

Bestandteile des Güterwerts und unterliegen im internationalen Handel der Welthandelsordnung für Güter, dem GATT.

§ 2 Die allgemeinen Bestimmungen

Das Kernstück des Dienstleistungsabkommens ist – analog zum GATT – das in Teil II festgehaltene Prinzip der Meistbegünstigung. Alle Vorteile, Vorrechte oder Befreiungen, die ein Vertragspartner einem anderen Handelspartner gewährt, sind unverzüglich und bedingungslos allen GATS-Partnern für gleichartige Dienstleistungen auch zu gewähren. Vom Prinzip der Meistbegünstigung darf abgewichen werden: (1) bei der Bildung von Integrationsräumen, wenn der Freihandel annähernd den gesamten Handel der daran beteiligten Partner erfasst und nicht zu Lasten dritter GATS-Partner geht. Die gleiche Ausnahme enthält das GATT im grenzüberschreitenden Güterhandel für die Zollunion und die Zollgemeinschaft (vgl. Art. V GATS mit Art. XXIV GATT), (2) bei der Schaffung von Freihandelsräumen in unmittelbaren Grenzgebieten, in denen die gleichen Dienste sowohl produziert als auch konsumiert werden (z.B. im Grenzgebiet Schweiz-Liechtenstein), (3) in jenen Bereichen, die das Abkommen namentlich aufführt (z.B. Telekommunikation), und (4) bei Ausnahmen, die in Listen festgehalten und bei der WTO hinterlegt worden sind. Die Vertragspartner hatten beim Inkrafttreten des GATS das Recht, jene Dienstleistungen, die sie von der Meistbegünstigung ausnehmen wollten, aufzulisten und der WTO zu melden. Diese Listen werden in der WTO-Sprache als «Negativlisten» bezeichnet. Von diesem Recht haben insgesamt etwa zwei Drittel aller WTO-Mitglieder Gebrauch gemacht. Die in den Listen aufgeführten Ausnahmen können nachträglich teilweise oder ganz aufgehoben, nicht aber verschärft werden. Grundsätzlich waren diese Ausnahmen auf eine Frist von zehn Jahren beschränkt, es sei denn, sie wurden als «indefinite» angemeldet.

Nach Aussage der WTO sind rund vier Fünftel aller mfn-Ausnahmen zeitlich nicht befristet (WTO (2001), S. 100). Die gemachten Vorbehalte beziehen sich hauptsächlich auf den Seetransport, die Kommunikation, das Finanzwesen und die Unternehmungsführung.

Analog zum Allgemeinen Zoll- und Handelsabkommen verfolgt das Dienstleistungsabkommen die Verwirklichung des Inländerprinzips. Danach darf ein Vertragspartner die Erbringer von Dienstleistungen und die Dienstleistungen als solche eines anderen Vertragspartners nicht schlechter behandeln als die Dienstleistungserbringer und die Dienstleistungen des eigenen Marktes. Vorderhand gilt indessen das Inländerprinzip im Dienstleistungsbereich nur für die von den Vertragspartnern in den Listen aufgeführten Dienstleistungen. Die WTO spricht von «Postitivlisten». Von den im Dienstleistungsabkommen erwähnten 160 Dienstleistungsarten wurden von einem Drittel der WTO-Mitglieder weniger als 20, von einem Drittel zwischen 20 und 60 und von einem Drittel über 60 Dienstleistungsarten in die Positivlisten aufgenommen. Im Schnitt beziehen sich die Listenzusagen auf etwa 25 Sektoren, was einem Anteil von 15 Prozent aller GATS-Dienstleistungsarten entspricht. Diese Zahlen beziehen sich allein auf die Dienstleistungsarten. Sie sagen nichts über die wirtschaftliche Bedeutung der listengebundenen Dienstleistungen aus (vgl. WTO (2001), S. 104).

Grossen Wert legt das Abkommen auf die Markttransparenz. Die Vertragspartner sind verpflichtet, sämtliche Vorschriften und Massnahmen, die den grenzüberschreitenden Handel mit Dienstleistungen tangieren, sowohl zu veröffentlichen als auch dem GATS-Rat zu melden. Nicht zu veröffentlichen sind betriebsinterne und vertrauliche Angaben. Im Weiteren haben die Vertragspartner Informationsstellen zuhanden ihrer GATS-Partner zu errichten.

Die Handelsgrenzen der Dienstleistungen liegen in der Regel nicht an der Landesgrenze, sondern im Inneren des Landes, in Form landesinterner Vorschriften und Regeln aller Art. Das Abkommen verlangt daher von seinen Partnern, die diesbezüglichen Massnahmen angemessen, objektiv und unvoreingenommen anzuwenden. Die Vertragspartner sind aufgerufen, Prüfungsabschlüsse, Zeugnisse und Diplome gegenseitig anzuerkennen, sei es auf direkte Weise oder über bilaterale Vereinbarungen mit einzelnen Handelspartnern. Der Vertrag knüpft die länderweise Anerkennung an die Bedingung, dass mit anderen Ländern auf deren Wunsch ebenfalls über die Anerkennung von Prüfungen, Zeugnissen und Diplomen verhandelt wird. Die gegenseitige Anerkennung darf nicht in einer für andere Staaten diskriminierenden Weise erfolgen. Gegenseitige Vereinbarungen zwischen Vertragspartnern sind dem Rat zu melden. Der GATS-Vertragstext verdeutlicht, dass die gegenseitige Anerkennung von Qualifikationen stets ein heikles Thema ist und die Vertragspartner bei der Anerkennung der ausländischen Ausbildung und Berufserfahrung Zurückhaltung üben.

Analog zum GATT erlaubt auch das GATS Massnahmen zum Schutz der Zahlungsbilanz und der Währungsreserven. Die in diesem Zusammenhang getroffenen Massnahmen dürfen aber zwischen den Vertragspartnern nicht diskriminierend wirken, den Verpflichtungen gegenüber dem Internationalen Währungsfonds nicht zuwiderlaufen und keinen unnötigen wirtschaftlichen Schaden in anderen Ländern anrichten. Zudem haben sie sachlich angemessen und zeitlich befristet zu sein. Die aus dem GATT der vierziger Jahre übernommene Schutzerlaubnis geht auf die Zeit der fixen Wechselkurse zurück. Ob in einem Währungssystem mit floatenden Wechselkursen derartige Vorbehalte noch sinnvoll sind, steht immer wieder zur Diskussion.

Die Schutzbestimmungen im Dienstleistungsabkommen entsprechen jenen des Allgemeinen Zoll- und Handelsabkommens. Ausnahmen dürfen zum Schutz des Lebens und der Gesundheit von

Menschen, Tieren und Pflanzen getroffen werden. Im gleichen Sinne wie im GATT sind auch im GATS Sicherheitsmassnahmen erlaubt.

§ 3 Die Verbesserung des Marktzutritts

Im Zusammenhang mit der Verbesserung des Marktzutritts enthält das Abkommen eine Aufzählung von Massnahmen, die im internationalen Dienstleistungshandel nicht erlaubt sind, es sei denn, die Listen enthalten spezifische Vorbehalte. Unter diese Verbote fallen: zahlenmässige Beschränkungen der ausländischen Dienstleistungserbringer in Form von Quoten, Gewährung von Monopolen und Exklusivrechten, wertmässige Begrenzung der Dienstleistungsimporte über Quoten oder Bedürfnisnachweise, Festlegung von Arbeitskräftequoten für bestimmte Dienstleistungsbereiche, Vorschriften über die rechtliche Form von Gesellschaften und Joint ventures sowie Bestimmungen über die erlaubte Kapitalbeteiligung und die Investitionshöhe. Die Aufzählung ist nicht abschliessend, verdeutlicht aber, wie vielfältig die handelshemmenden Massnahmen im Bereich des Dienstleistungshandels sein können.

§ 4 Die ergänzenden Bestimmungen und Nachverhandlungen

Dem Dienstleistungsabkommen sind acht Anhänge und mehrere Ministerbeschlüsse beigefügt. Die ersten drei Anhänge beziehen sich auf die Verfahren für die Verlängerung oder Änderung von Ausnahmen (z.B. Ausnahmen von der Meistbegünstigung). Die restlichen Anhänge betreffen die Finanz-, die Seeverkehrs- und die Telekommunikationsdienstleistungen, über die in der Uruguay-Runde keine Einigung erzielt wurde. Um die in den Uruguay-Verhandlungen «in Fahrt gebrachten» Marktöffnungsbemühungen nicht abzubrechen, beschlossen die Minister der WTO-Mitglieder, die Gespräche in diesen Sachbereichen nach Abschluss der Runde fortzusetzen. Zur Verbesserung der Erfolgsaussichten der Nachverhandlungen wurde von der sonst im GATS geltenden Allgemeinverbindlichkeit der getroffenen Vereinbarungen abgesehen.

1. Der Anhang zu Art. II GATS

Der erste Anhang des GATS enthält die Bedingungen, unter denen sich ein Mitglied beim Inkrafttreten des Abkommens von der Meistbegünstigungspflicht befreien konnte. Die Vertragspartner haben sich, wie bereits ausgeführt, beim Abschluss des GATS das Recht vorbehalten, einzelne Dienstleistungen, die sie der Meistbegünstigungspflicht nicht unterstellen wollten, in entsprechenden Listen aufzuführen und bei der WTO zu hinterlegen (Negativlisten). Im Allgemeinen, so das Abkommen, sollten solche Listen-Ausnahmen eine Zeitspanne von zehn Jahren nicht überschreiten, es sei denn, die Listen wurden unter «indefinite» eingereicht. Die nach dem Inkrafttreten des Abkommens gewünschten Ausnahmen sind gemäss WTO-Vereinbarung (Art. IX) bei der WTO zu beantragen und werden in Form eines «waiver» beschlossen.

2. Der Anhang zum grenzüberschreitenden Personenverkehr

In vielen Fällen ist die Dienstleistungserbringung in einem Partnerland ohne persönliche Präsenz des Erbringers nicht möglich. Aus diesem Grund erlaubt das Abkommen den natürlichen Personen, die Grenze zu passieren. Das GATS soll aber gemäss Ziff. 4 des 2. Anhangs ein Mitglied nicht daran hindern, «Massnahmen zur Regelung der Einreise oder des vorübergehenden Aufenthalts von natürlichen Personen in seinem Gebiet [...] zu treffen, die zum Schutz der Unversehrtheit und zur Sicherung der geordneten Freizügigkeit von natürlichen Personen über seine Grenzen hinweg erforderlich sind».

Das GATS strebt keine allgemeine Öffnung der Arbeitsmärkte und keine zeitlich und zahlenmässig unbeschränkte Einwanderung an. Das Ziel ist die Garantierung einer für die Erbringung von Dienstleistungen unbedingt notwendigen und zeitlich limitierten grenzüberschreitenden Personenbewegung. In den Nachverhandlungen, deren Ergebnisse am 1. September 1996 in Kraft traten, verpflichteten sich einzelne Regierungen (die EU-Mitgliedstaaten, Indien, Kanada, Norwegen und die Schweiz) unternehmensintern versetzten Führungskräften und Fachleuten ein Aufenthaltsrecht von bis zu vier Jahren zu gewähren. Den übrigen Dienstleistungserbringern ist in der Regel ein Aufenthalt von höchstens drei Monaten innerhalb eines Jahres zu gewähren. Voraussetzung der Grenzöffnung ist, dass der Antragsteller in seiner Heimfirma ein Anstellungsverhältnis von mindestens einem Jahr besitzt und der berufliche Qualitätsausweis den landesüblichen Anforderungen entspricht. Die Liberalisierungsverpflichtung besteht in einem Verzicht auf den Vorbehalt einer Aufenthaltsbewilligung und die arbeitsmarktbezogene Bedarfsprüfung. Diese Abmachungen betreffen vornehmlich die Sektoren Rechtsberatung, Werbung, Wirtschaftsprüfung und Reisebranche.

3. Der Anhang zu den Luftverkehrsdienstleistungen

Der dritte Anhang betrifft die Luftverkehrsdienstleistungen im Linien- und Gelegenheitsverkehr sowie die damit verbundenen Hilfsdienstleistungen. Da zur Zeit der Uruguay-Runde bereits viele bilaterale und multilaterale Verträge über Lande- und Verkehrsrechte bestanden, waren die Delegierten nicht in der Lage, kurzfristig eine neue Rechtsordnung zu schaffen. Die bestehenden Vereinbarungen über Lande- und Verkehrsrechte werden somit vom GATS nicht tangiert und bestehen ausserhalb des GATS weiter. Nicht ausgeschlossen vom GATS sind Dienstleistungen, die sich auf die Wartung und den Unterhalt von Flugzeugen, den Verkauf von Flugleistungen und das Computer-Reservationssystem beziehen. Der Rat für den Handel mit Dienstleistungen (GATS-Rat) wird aufgefordert, der Entwicklung des Flugverkehrs im Hinblick auf eine weitere Liberalisierung besondere Aufmerksamkeit zu schenken.

4. Der Anhang zu den Finanzdienstleistungen

In einem Anhang, einem Ministerbeschluss und einer Vereinbarung finden sich die besonderen Bestimmungen über die Finanzdienstleistungen. Sie beziehen sich auf die Leistungen der privaten Banken und Kreditinstitute, der Versicherungen, der Geld- und Wertpapierhändler, der Vermögensverwalter und der Finanzberater. Die Tätigkeiten der Zentralbanken und anderer geld- und währungspolitischer Behörden sowie der Institutionen, die Teil eines obligatorischen Sozialversicherungssystems sind, fallen nur unter die GATS-Bestimmungen, wenn sie in Konkurrenz zu privaten Firmen stehen.

Die von den Industriestaaten und den Entwicklungsländern in der Uruguay-Runde angebotenen Marktzugangskonzessionen waren nicht deckungsgleich. Während die Industriestaaten auf eine Liberalisierung dieses Dienstleistungsbereichs drängten, bangten die Entwicklungsländer um ihre im Aufbau befindlichen Finanzmärkte und waren bestrebt, die Heimmärkte vor der internationalen Konkurrenz abzuschirmen. Diese Zurückhaltung der wirtschaftlich schwachen Staaten führte schliesslich dazu, dass in der Uruguay-Runde keine Einigung zu Stande kam.

Trotz des Scheiterns der Verhandlungen in der Uruguay-Runde einigten sich die Delegierten auf das so genannte Zweite Protokoll des GATS, das am 1. September 1996 in Kraft trat. Das Protokoll bewirkte zwar keine Öffnung der Finanzdienstleistungsmärkte, war aber aus zwei Gründen von Bedeutung: Erstens verpflichteten sich die Teilnehmer der Vereinbarung, bis 1. November 1997 keine weiteren Handelshemmnisse einzuführen und bei der Zulassung ausländischer Banken auf Gegenrechtsbedingungen zu verzichten, und zweitens, die Gespräche über eine internationale Regelung der Finanzmärkte am 1. November 1997 wieder aufzunehmen.

Die anschliessenden Verhandlungen konnten am 3. Dezember 1997 relativ erfolgreich abgeschlossen werden. Die Vereinbarung trat nach einer Unterzeichnungsfrist bis Ende Januar 1999 am 1. März 1999 in Kraft. Dem Abkommen haben im Jahr 1997 insgesamt 70 WTO-Mitglieder zugestimmt, alle Industriestaaten, viele Nahost- und Mittelmeerstaaten, einige Lateinamerikanische Staaten, Hongkong und Singapur. Nicht ratifiziert haben bis heute die Signatarstaaten Brasilien, Philippinnen und Jamaika. Nach Schätzungen des WTO-Sekretariats entfielen zur Zeit der Verhandlungen auf die am Finanzabkommen teilnehmenden WTO-Mitglieder insgesamt 95 Prozent der weltweiten Bank- und Versicherungsleistungen (nach dem wirtschaftlichen Erstarken Chinas mag sich diese Zahl geändert haben). Das Kernelement der Vereinbarung ist die Verwirklichung des mfn- und Inländerprinzips im Bereich der auslandeigenen Banken- und Versicherungs-Niederlassungen und -Agenturen («commercial presence»). Es handelt sich beispielsweise um die Zulassung weiterer Niederlassungen, die Vereinfachung der Rechtsvorschriften für ausländische Firmen, die Erlaubnis zur Betreuung ausländischer Kunden und die Ausweitung der Angebotspalette von Dienstleistungen.

5. Der Anhang zu den Seeverkehrsdienstleistungen

Die Seeverkehrsdienstleistungen machen schätzungsweise etwa 10 Prozent des totalen Dienstleistungshandels aus. Weil in der Uruguay-Runde keine einheitliche Seeverkehrsordnung zu Stande kam, beschlossen die WTO-Minister Nachverhandlungen. Gegenstand der Nachverhandlungen waren die internationale Schifffahrt und der Zugang und die Benutzung von Hafeneinrichtungen. Zudem einigte man sich auf eine Stillstands-Klausel für weitere handelshemmende Massnahmen bis zum Abschluss einer Vereinbarung. Im Juni 1996 kam es zum Abbruch der Verhandlungen. Nach Ansicht der USA waren die von den übrigen Verhandlungspartnern vorgelegten Liberalisierungsofferten (vor allem die der EU) zu knapp bemessen. Auch sei eine Vereinbarung wenig sinnvoll, wenn nicht alle wichtigen Schifffahrtsnationen teilnehmen würden. Aus der Sicht der Gegenparteien hingegen gingen die USA mit ihren Forderungen zu weit. Inzwischen sind die Verhandlungen im Rahmen der in Doha beschlossenen neuen Handelsrunde wieder aufgenommen worden, ohne dass bisher entsprechende Ergebnisse bekannt gegeben wurden.

6. Der Anhang zu den Telekommunikationsdienstleistungen

Ein wichtiger Handelsbereich der Dienstleistungen ist die Telekommunikation. Traditionell bekannte Güter und Dienstleistungen der Telekommunikation sind der Telefonverkehr auf Festnetzen, Telex, Telefax, Radio und Fernsehen. Neuere Produkte und Dienstleistungen sind Mobiltelefon, Internet, E-Commerce und Satellitendienste. Beim Angehen der Handelsprobleme im Telekom-Bereich hat man sich an die bisherige WTO-Struktur gehalten und zwischen Gütern und Diensten unterschieden (obwohl diese Unterscheidung in der Praxis oft sehr schwierig ist).

Der Handel mit Gütern wie zum Beispiel mit Telekommunikationsgeräten, Computern und Infrastruktureinrichtungen ist im Rahmen des Informations-Technologie-Abkommens (Information Technology Agreement, ITA) geregelt worden, das am 26. März 1997 in Kraft trat. Ein Hauptziel des ITA ist der zollfreie Handel mit den vom Abkommen erfassten Gütern unter Einhaltung des Meistbegünstigungsprinzips. Die Zölle wurden in vier Tranchen bis 1. Januar 2000 abgebaut.

Die Telekommunikationsdienstleistungen werden in Grund- oder Basisdienste und Mehrwertdienste oder Multimedia unterteilt. Unter Grunddiensten versteht man den Datentransfer, das heisst den Transport von elektromagnetischen Signalen, Ton, Bild und jeder Verbindung daraus. Die Mehrwertdienste gehen über die blosse Vermittlung von Informationen hinaus und weisen auf Zusatzleistungen wie Datenbanken, Online-Dienste oder E-Commerce hin. Die am 5. Februar 1998 in Kraft getretene GATS-Regelung findet sich im Vierten Protokoll des GATS. Die Hauptelemente des Vierten Protokolls sind die Marktöffnung (Marktzulassung für ausländische Anbieter), die Zulassung für ausländische Investitionen (oft jedoch nur bis zu einem bestimmten Kapitalanteil) und die Reduktion oder Beseitigung von staatlichen Regulierungen (bzw. Deregulierung der staatlich beherrschten Märkte).

Zur Diskussion steht zurzeit die weltweit einheitliche Regulierung des E-Commerce und der audiovisuellen Dienste. Das im Herbst 1998 vom Allgemeinen Rat der WTO lancierte Arbeitsprogramm hat bis heute (Frühjahr 2009) noch keine richtungweisenden Lösungsvorschläge präsentiert.

§ 5 Das GATS im Vergleich zum GATT

Das GATS weist im Vergleich zum GATT mehrere Besonderheiten auf: Ein spezifisches Merkmal des GATS ist sein «status nascendi». Im Gegensatz zum GATT, das im Verlauf der Jahrzehnte zu einem Vertragswerk mit abschliessend definierten Rechten und Pflichten herangewachsen ist, bildet das GATS ein Vertragswerk im Entstehen, eine Vereinbarung, die selbst in den Kernbereichen wie Meistbegünstigung und Inländerprinzip den Partnern vorderhand noch grosse Freiheiten gewährt und sich bloss auf das Aufzeigen der einzuschlagenden Richtung der Handelsliberalisierung beschränkt. In diesem Sinne verlangt Art. XIX GATS von seinen Vertragspartnern regelmässig einberufene Verhandlungen, «um [...] einen höheren Stand der Liberalisierung zu erreichen».

Grundsätzlich verpflichtet das GATS seine Vertragspartner zur Einhaltung des Meistbegünstigungsprinzips. Zurzeit hat aber jeder Partner noch das Recht, sich von dieser Verpflichtung in Form von Negativlisten zu befreien. Das GATS verfolgt das Ziel, diese Ausnahmen mit der Zeit auslaufen zu lassen. Die Bereitschaft der einzelnen GATS-Vertragspartner, ihre Listen zu straffen, hält sich aber gegenwärtig in Grenzen.

Das GATS unterscheidet sich vom GATT auch in Bezug auf das Inländerprinzip. Im GATT haben sich die Vertragspartner zur Respektierung des Inländerprinzips verpflichtet. Im GATS hingegen ist das Inländerprinzip keine allgemein verbindliche Verpflichtung, es sei denn, die einzelnen Vertragspartner haben über die Einreichung von so genannten Positivlisten einzelne Zugeständnisse zur Einhaltung des Inländerprinzips gemacht. Aus der Optik einer freiheitlichen Welthandelsordnung kommt dieser Listenlösung der Nachteil zu, als sie die Marktöffnung auf einem einmal vereinbarten Stand fixiert und neue Arten von Dienstleistungen nicht automatisch einschliesst. Die Listenlösung bedarf somit, soll das Liberalisierungsniveau beibehalten oder ausgebaut werden, einer ständigen Weiterführung der Verhandlungen.

Vom GATT verschieden sind auch die in den Nachverhandlungen getroffenen Dienstleistungsvereinbarungen. Im Gegensatz zum GATT, in dem alle Vertragspartner an allen Verhandlungen teilnahmen und deren Ergebnisse akzeptierten, beteiligten sich an den GATS-Nachverhandlungen nur einige wenige GATS-Partner. Die Spielregel war jedoch die, dass die im kleinen Kreis getroffenen Handelsbefreiungen im Sinne der Meistbegünstigungspflicht allen GATS-Partnern zu gewähren waren. Diese an und für sich offene Vertragskonstruktion mag aber zur Folge gehabt haben, dass in den Nachverhandlungen mit Zugeständnissen stärker zurückgehalten wurde als in den Hauptverhandlungen.

Bemerkenswert im GATS ist schliesslich die im Abkommen ausgesprochene Aufforderung an die Industrieländer, auf die besonderen Bedürfnisse der wirtschaftlich schwachen Staaten Rücksicht zu nehmen. Die Vertragspartner werden gebeten, den Entwicklungsländern den Technologietransfer zu erleichtern, den Marktzugang zu verbessern und entsprechende Informationszentren zu schaffen. Ferner erteilt das GATS den Vertragspartnern und insbesondere den Drittweltländern das Recht, zur Verwirklichung ihrer nationalen wirtschaftspolitischen Zielsetzungen neue Regulierungen einzuführen. Die Ausrichtung der neuen Welthandelsordnung auf die besonderen Bedürfnisse der Drittweltstaaten entspricht dem Sinn und Geist der Uruguay-Runde und ist eine Weiterführung dessen, was seinerzeit in Teil IV GATT eingeleitet worden war. Indessen wird das GATS in seiner heutigen Ausgestaltung kaum in der Lage sein, die bestehenden Interessengegensätze zwischen den Industriestaaten und den Entwicklungsländern auszuräumen. Die Industriestaaten setzen auf eine Marktöffnung im Sinne von «Cross-border supply», «Consumption abroad» und «Commercial presence». Sie stehen aber einer Liberalisierung des Arbeitsmarkts und des Personenverkehrs («Presence of naturtal persons») ablehnend gegenüber. Ihre Verhandlungsposition ist geprägt durch die Furcht vor einer «unkontrollierten Migration niederqualifizierter Arbeitskräfte» (Koehler

(1999), S. 237). In diesem Sinne haben die EU- und US-Gewerkschaften in den letzten Jahren ihr Desinteresse an weiteren Verhandlungen über die Liberalisierung des Dienstleistungshandels signalisiert. Die Entwicklungsländer dagegen beharren auf ihren Listenausnahmen (aus Angst vor einem «Ausverkauf» ihrer Dienstleistungsunternehmen) und verlangen offene Arbeitsmärkte und einen freien Personenverkehr. Ihr «Exportpotenzial» liegt in den kostengünstigen Arbeitskräften.

Die spezifischen Merkmale des Dienstleistungsabkommens verdeutlichen schliesslich, dass die Welthandelsordnung mit dem GATS formal eine Ausweitung und Abrundung erfahren hat. Die Neuregelung ist aber materiell so angelegt, dass sie den einzelnen Partnern über Ausnahme- und Konzessionslisten (so genannte Positiv- und Negativlisten) die Besitzstandwahrung an protektionistischen Massnahmen über weite Strecken erlaubt. Mit dem vorliegenden Vertrag ist es den Verhandlungspartnern nicht gelungen, eine Handelsordnung zu konzipieren, die im Verlauf der nächsten Jahre automatisch, das heisst ohne neue Verhandlungen zu einer weiteren Liberalisierung des grenzüberschreitenden Dienstleistungshandels vorstösst. Zur Erreichung dieses Ziels werden zusätzliche Anstrengungen und Zugeständnisse von Seiten aller Vertragsparteien, angefangen bei den wirtschaftlich starken bis hin zu den wirtschaftlich schwachen Handelspartnern, notwendig sein.

6. Teil: Das Abkommen über handelsrelevante Aspekte der geistigen Eigentumsrechte (TRIPS)

Das Abkommen über handelsrelevante Aspekte der geistigen Eigentumsrechte bildet neben dem GATT und dem GATS den dritten Pfeiler der heute geltenden Welthandelsordnung. Das TRIPS verfolgt zwei Ziele, erstens die Koordination und Integration bereits bestehender internationaler Vorschriften über den Schutz geistiger Eigentumsrechte, und zweitens die Anpassung und Neuausrichtung bisheriger Bestimmungen an die Anforderungen einer immer intensiveren Verflechtung des internationalen Handels.

Der weltweite Schutz der geistigen Eigentumsrechte oblag bislang in erster Linie der in Genf domizilierten Weltorganisation für Geistiges Eigentum (World Intellectual Property Organization, WIPO), deren Anfänge ins neunzehnte Jahrhundert zurückreichen. Heute bildet das 1967 unterzeichnete und 1970 in Kraft getretene «Übereinkommen zur Errichtung der Weltorganisation für geistiges Eigentum» die rechtliche Grundlage der WIPO. Die Weltorganisation für geistiges Eigentum hat zur Aufgabe, den weltweiten Schutz der geistigen Eigentumsrechte über die Zusammenarbeit zwischen den nationalen Ämtern für geistiges Eigentum zu gewährleisten. Wichtige Grundlagen des Schutzes des geistigen Eigentums sind die Pariser Konvention über den Schutz des gewerblichen Eigentums von 1883, in ihrer neuesten Version von 1979, die Berner Übereinkunft zum Schutz von Werken der Literatur und Kunst von 1886, letzte Revision 1979, und das Abkommen über den Schutz von integrierten Schaltungen von 1989, das jedoch bis heute noch nicht in Kraft getreten ist. Dazu kommen Vereinbarungen über die Zusammenarbeit im Patentschutz, die Warenzeichen, die Ursprungsbezeichnung sowie die Muster und Modelle.

Das während der Uruguay-Runde ausgehandelte Abkommen über handelsrelevante Aspekte der geistigen Eigentumsrechte ist in sieben Teile gegliedert. Der erste Teil handelt von den in der WTO allgemein geltenden Grundsätzen (Meistbegünstigung, Inländerprinzip, Öffnung der Märkte usw.). Der zweite Teil enthält die eingegangenen Verpflichtungen der Vertragspartner, der dritte Teil die Durchsetzung der Bestimmungen und die Teile vier bis sieben die Streitschlichtung, die speziellen Grenzschutzmassnahmen bei Verdacht auf Fälschung, die Übergangsbestimmungen sowie die institutionellen Neuerungen.

Die Verantwortung für die Verwirklichung des Abkommens über handelsrelevante Aspekte der geistigen Eigentumsrechte obliegt dem TRIPS-Rat. In seinen Aufgabenbereich fallen auch die Zusammenarbeit mit anderen internationalen Organisationen (z.B. der WIPO) sowie die rechtliche Beratung der Vertragspartner.

Nach der Übergangszeit von fünf Jahren hatte der TRIPS-Rat das Abkommen aufgrund der bis dahin gemachten Erfahrungen erstmals zu revidieren («built-in-agenda»). Weitere Vertragsüberprüfungen haben alle zwei Jahre zu erfolgen.

§ 1 Die allgemeinen Bestimmungen

Wie bereits früher dargelegt, sind die allgemeinen Grundsätze der Welthandelsordnung auch Teil des Abkommens über handelsrelevante Aspekte der geistigen Eigentumsrechte. Das Prinzip der Meistbegünstigung (Art. 4 TRIPS) besagt, dass alle Vorteile, Begünstigungen, Befreiungen und Rechte, die ein Vertragspartner im Bereich der geistigen Eigentumsrechte einem Handelspartner gewährt, unverzüglich und bedingungslos allen TRIPS-Vertragsparteien für gleiche oder gleichartige Eigentumsrechte auch zu gewähren sind. Das Prinzip der Meistbegünstigung hat in den bisher geltenden Konventionen in dieser Form nicht bestanden und ist daher im Bereich des Schutzes geistiger Eigentumsrechte als Neuerung zu betrachten.

Nicht der Meistbegünstigungspflicht unterliegen Vorrechte und Befreiungen, die (1) sich aus internationalen Abkommen über Rechtshilfe und Vollstreckung ableiten, die (2) zwischen einzelnen Ländern aufgrund reziproker Verträge bestehen und die (3) sich aus Verträgen ableiten, die vor dem TRIPS in Kraft traten.

Gemäss Inländerprinzip (Art. 3 TRIPS) sind die Vertragsparteien des TRIPS verpflichtet, «den Staatsangehörigen der anderen Mitglieder eine Behandlung [zu gewähren], die nicht weniger günstig als diejenige ist, die sie ihren eigenen Staatsangehörigen in Bezug auf den Schutz des geistigen Eigentums gewähren [...]». Dieser Grundsatz findet sich bereits in den meisten der bestehenden Konventionen. Das TRIPS bestätigt somit in diesem Bereich weitgehend geltendes Recht.

Weitere allgemeine Inhalte des Abkommens sind die Verpflichtung der Vertragspartner zu Transparenz in der Administration, zu bereitwilliger Information (Schaffung von landesinternen Informationsstellen), zu gegenseitiger Rechtshilfe und zur Anerkennung der Streitschlichtung der WTO.

Den einzelnen Vertragspartnern ist erlaubt, zum Schutz nationaler Interessen eigene Gesetzesvorschriften zu erlassen, solange diese nicht im Widerspruch zu den ausgehandelten TRIPS-Verpflichtungen stehen. Das Abkommen stellt in der Regel Minimalbestimmungen auf, welche die Vertragspartner durch ein höheres Schutzniveau überbieten dürfen (was vor allem beim Copyright von vielen Partnern praktiziert wird).

§ 2 Die Einzelbestimmungen

Der zweite Teil des Abkommens enthält die Schutzbestimmungen der einzelnen geistigen Eigentumsrechte.

1. Das Urheberrecht

Die Regelung des Urheberrechts (Copyright) entspricht jener der Berner Konvention zum Schutz des literarischen und künstlerischen Eigentums. Als Werke der Literatur und Kunst gelten alle Erzeugnisse auf dem Gebiet der Literatur, Wissenschaft und Kunst, ohne Rücksicht auf die Art und Form des Ausdrucks. Dazu zählen Bücher, Broschüren und andere Schriftwerke, Vorträge, dramatische und choreographische Werke, Pantomimen, musikalische Kompositionen, Filmwerke, Werke der zeichnenden Kunst, der Malerei, der Baukunst und der Bildhauerei, Stiche und Lithographien, fotografische Werke, Illustrationen, geographische Karten, Pläne und Skizzen usw. Das TRIPS weitet den Schutz auf Computerprogramme und Datenbanken aus. Bei Datensammlungen bezieht sich der Schutz auf die Auswahl und die Anordnung der Daten, nicht auf die Daten selbst. Gegen die «Piraterie» richtet sich auch das «Vermietrecht». Ohne Zustimmung des Urhebers dürfen Computerprogramme und Filme nicht gewerblich vermietet werden. Nicht angesprochen sind die Internet-Fragen. Sie werden zweifelsohne Gegenstand kommender Verhandlungen sein.

Das Urheberrecht muss nicht angemeldet oder registriert werden. Es entsteht durch die Schaffung des Werks. Der gewährte Mindestschutz für Urheberrechte beträgt in der Regel 50 Jahre ab dem Tod des Urhebers, für Werke der Fotografie und der angewandten Kunst (Kunsthandwerk) 25 Jahre und für Rundfunk- und Fernsehsendungen 20 Jahre ab dem Ende des Kalenderjahrs der ersten Aussendung.

2. Die Marke

Geschützt ist gemäss TRIPS auch die Marke. Art. 15.1 TRIPS versteht unter Marken «alle Zeichen und jede Kombination von Zeichen, die geeignet sind, die Waren oder Dienstleistungen eines Unternehmens von denen anderer Unternehmen zu unterscheiden». «Solche Zeichen, insbesondere Wörter einschliesslich Personennamen, Buchstaben, Zahlen, Abbildungen und Farbkombinationen ebenso wie alle Kombinationen von solchen Zeichen, sind als Marken eintragungsfähig.» Dem Inhaber von im Markenregister eingetragenen Hersteller- und Handelsmarken steht das ausschliessliche Gebrauchsrecht zu. Ohne seine Erlaubnis dürfen Marken von Dritten nicht verwendet werden. Dies gilt sowohl für Güter- wie Dienstleistungsmarken.

Die Registrierung von Marken gilt gemäss TRIPS für wenigstens 7 Jahre. Eine Erneuerung ist unbeschränkt möglich. Ist die Registrierung an den Gebrauch der Marke gebunden, ist bei Nichtgebrauch eine Registerlöschung nach frühestens 3 Jahren möglich. Die TRIPS-Vertragspartner sind berechtigt, die Schutzdauer der Marken innerhalb ihres Rechtsgebiets zu verlängern.

3. Die geographische Angabe

Bei geographischen Bezeichnungen haben die einzelnen Vertragspartner dafür Sorge zu tragen, dass diese nicht irreführend und wettbewerbsverzerrend angewandt werden. Die Bezeichnung oder Aufmachung einer Ware darf nicht den Anschein erwecken, die Ware stamme aus einem anderen als dem tatsächlichen Herkunftsort (Irreführung). Auch darf die Bezeichnung oder Aufmachung einer Ware nicht dazu beitragen, dass die Produkte selbst, die Produktionsorte und die Hersteller der Produkte miteinander verwechselt werden und der Ruf eines Konkurrenten mit falschen Behauptungen geschmälert und das Publikum getäuscht wird (unlauterer Wettbewerb). Als unlauter gilt auch der Gebrauch von geographischen Angaben, wenn dadurch bei Waren minderer Qualität mit Hilfe so genannter qualifizierter Herkunftsangaben eine Wertvorstellung vorgetäuscht wird, die der Wirklichkeit nicht entspricht. Besteht eine solche Verwechslungsgefahr, kann die Verwendung der geographischen Angaben verboten werden, selbst wenn die Produkte aus dem erwähnten Herkunftsort stammen (vgl. «Swiss Made» bei Schweizer Uhren).

Ein besonderer Schutz ist für Wein und andere alkoholische Getränke vorgesehen. Fremde Ortsnamen dürfen für diese Produkte nicht verwendet werden, auch wenn grundsätzlich keine Gefahr der Verwechslung besteht. Selbst wenn der wahre Ursprung angegeben ist, darf die Herkunftsbezeichnung nicht mit Ausdrücken wie «in der Art», «im Typ» oder «im Stil» eines Produkts anderer Herkunft ergänzt werden. Ausgenommen sind Namen, die zu einer Gattungsbezeichnung geworden sind (wie z.B. die Bezeichnung «Burgunder» oder «Emmentaler»). Gemäss TRIPS ist die Regelung der geographischen Bezeichnung für Weine in künftigen Verhandlungen weiter zu präzisieren (bis heute, Frühjahr 2009, besteht noch keine endgültige Regelung).

4. Das Muster

Das TRIPS definiert den Begriff «gewerbliches Muster» nicht und beschränkt sich auf die Festlegung von Schutzvoraussetzungen. Der Schutz hat sich auf unabhängig geschaffene gewerbliche Muster zu beschränken, die neu oder originär sind («Industrial designs», Textilmuster).

Art. 26.1 TRIPS erlaubt dem Inhaber eines geschützten gewerblichen Musters, einem Dritten zu verbieten, ohne seine Zustimmung «Gegenstände herzustellen, zu verkaufen oder einzuführen, die ein Muster tragen oder in die ein Muster aufgenommen wurde, das eine Nachahmung oder im wesentlichen eine Nachahmung des geschützten Musters ist». Der Musterschutz des

TRIPS bezieht sich ausschliesslich auf Anwendungen zu gewerblichen Zwecken. Zum privaten Gebrauch dürfen Muster jeglicher Art nachgeahmt werden.

Die Schutzfrist beträgt mindestens 10 Jahre. Die Vertragspartner haben das Recht, die Frist zu verlängern.

5. Das Patent

Ein Patent ist das einem Erfinder oder seinem Rechtsnachfolger staatlich zugesicherte Recht, seine Erfindung in Form eines Produkts oder eines Verfahrens während einer bestimmten Zeit selber zu nutzen.

Patentierbar sind gemäss TRIPS die Erfindungen auf allen Gebieten der Technik, gleichgültig, ob es sich um Erzeugnisse, Verfahren, Verrichtungen oder Anordnungen (z.B. einer elektrischen Schaltung) handelt, vorausgesetzt, sie sind neu, beruhen auf einer erfinderischen Tätigkeit und sind gewerblich anwendbar. Die Vertragsparteien können von der Patentierbarkeit ausschliessen: (1) die Erzeugnisse und Verfahren, die gegen die öffentliche Ordnung und die guten Sitten verstossen oder das Leben und die Gesundheit von Menschen, Tieren und Pflanzen gefährden oder die Umwelt beeinträchtigen, (2) die diagnostischen, therapeutischen oder chirurgischen Verfahren für die Behandlung von Menschen und Tieren, (3) die Pflanzen und Tiere mit Ausnahme von Mikroorganismen und (4) die biologischen Verfahren für die Erzeugung von Pflanzen oder Tieren, mit Ausnahme der nichtbiologischen und mikrobiologischen Verfahren. Nicht ausgeschlossen ist in den USA seit 1988 und in der EU seit 2004 die so genannte «Krebsmaus» (Maus mit Krebsgenen).

Ist der Gegenstand des Patents ein Erzeugnis, hat der Patentinhaber das Recht, einem Dritten die Herstellung, die Benutzung, den Verkauf oder die Einfuhr zum Verkauf des patentierten Erzeugnisses zu verbieten. Alle diese Handlungen stehen allein dem Patentinhaber zu. Ist der Gegenstand des Patents ein Verfahren, hat der Patentinhaber das Recht, einem Dritten die Benutzung und das Anbieten des Verfahrens zum Verkauf zu verbieten. Verboten werden dürfen auch der Verkauf und die Einfuhr zum Verkauf von unmittelbar mit diesem Verfahren gewonnenen Erzeugnissen. Keine Regelung enthält das TRIPS über die «Rechtserschöpfung» (bzw. das Recht auf Parallelimporte, vgl. Art. 6 TRIPS).

Die im TRIPS vorgesehene Schutzdauer des Patents endet nicht vor dem Ablauf einer Frist von 20 Jahren, vom Anmeldetag an gerechnet. Die Schutzdauer war seinerzeit ein zentrales Problem der TRIPS-Verhandlungen. Die Entwicklungsländer (vor allem Brasilien, Indien und Peru) kämpften für eine kürzere Dauer. Die Industriestaaten obsiegten mit der Dauer von 20 Jahren.

Im Zusammenhang mit dem Patentschutz stehen zurzeit verschiedene Fragen zur Diskussion: Sind die Parallelimporte zu verbieten? Ist der Patentschutz von lebenswichtigen Medikamenten (zur Bekämpfung von HIV/ Aids, Tuberkulose, Malaria und anderen Epidemien) ganz oder teilweise aufzuheben? Ist der Patentschutz auf die mit einem geschützten Verfahren «unmittelbar gewonnenen Erzeugnisse» sinnvoll? Diese Probleme werden weiter unten nochmals angesprochen.

6. Die Topographie

Für die integrierten Schaltungen sieht das TRIPS die Einhaltung der im Mai 1989 in Washington DC zur Unterzeichnung aufgelegten (aber nicht in Kraft getretenen) Konvention über den Schutz von integrierten Schaltungen vor.

In Bezug auf die Schutzdauer unterscheidet das TRIPS zwischen einem Land mit Registrierungszwang und einem Land ohne Registrierungszwang. Ist die Eintragung erforderlich, beträgt die minimale Schutzdauer 10 Jahre, vom Anmeldetag an gerechnet, oder – falls eine diesbezügliche Vorschrift besteht – ab dem Zeitpunkt der ersten gewerblichen Verwendung. Ist die Registrierung als Voraussetzung des Schutzes nicht erforderlich, beginnt die Schutzfrist am Tag der ersten gewerblichen Verwendung des Layout-Design. Die Vertragspartner haben die Möglichkeit, in ihrem Rechtsgebiet die Schutzdauer zu verlängern.

§ 3 Die Durchsetzung des Rechts

Der dritte Teil des TRIPS verpflichtet die Partnerstaaten zur Gewährleistung der Durchsetzung der eingegangenen Verpflichtungen ohne Rücksichtnahme auf die Staatsbürgerschaft der Klagenden und Beklagten, ohne zeitliche Verzögerung und ohne unangemessene administrative Umtriebe und Kostenbelastung.

Die richterlichen Behörden haben das Recht zu einstweiligen Verfügungen, falls eine Verzögerung einen nicht wieder gutzumachenden Schaden anrichten kann. Die Grenzbehörden haben auch die Kompetenz, verdächtige Fälschungen und vermutetes Raubgut an der Grenze für eine gewisse Zeit zurückzuhalten, um durch ein ordentliches Verfahren das Inverkehrbringen der Güter zu verhindern. Zuwiderhandlungen sind unter Strafe zu stellen. Erwiesene Fälschungen dürfen von der Grenzbehörde beschlagnahmt und vernichtet werden. Wer das Urheberrecht verletzt, kann zu Schadenersatzleistungen zu Gunsten des Rechtsinhabers verurteilt werden.

Die vom Abkommen vorgesehenen Anpassungsfristen betrugen 1 Jahr für die Industriestaaten, 5 Jahre für die Entwicklungsländer sowie die Staaten, deren Wirtschaft sich auf dem Weg von der Plan- in die Marktwirtschaft befanden, und 11 Jahre für wirtschaftlich besonders schwache Staaten. Im November 2005 stimmten die WTO-Mitglieder einer Verlängerung der Übergangszeit zu Gunsten der «Least-developed countries» bis Ende Juni 2013 zu. Die Bestimmungen der Nichtdiskriminierung wurden mit dem Inkrafttreten des Abkommens wirksam. Für sie gelten keine Übergangsfristen.

Analog zum GATT enthält auch das TRIPS Ausnahmen im Sicherheitsbereich. Die Vertragspartner sind ohne Rücksicht auf das TRIPS frei, Informationen aus Sicherheitsgründen zurückzubehalten und Massnahmen im Hinblick auf die Nuklearwirtschaft und Waffenindustrie zu ergreifen.

7. Teil: Die plurilateralen Abkommen

Die bisherigen Ausführungen handelten vom GATT, GATS, TRIPS und ihren Zusatzabkommen, das heisst von den multilateralen Vereinbarungen, die für alle WTO-Mitglieder verbindlich sind. Ohne die Bereitschaft, alle diese Abkommen zu unterzeichnen und zu akzeptieren, kann ein Staat oder autonomes Zollgebiet nicht Mitglied der WTO werden. Neben den multilateralen Vereinbarungen enthält das WTO-Vertragswerk auch Abkommen, die nur ratifizierungswillige Vertragspartner binden. Es handelt sich um die so genannten plurilateralen Abkommen. Die beiden heute in Kraft stehenden plurilateralen Abkommen sind die Vereinbarung über den Handel mit zivilen Luftfahrzeugen und das Abkommen über das öffentliche Beschaffungswesen. Die Abkommen stammen aus der Tokio-Runde und gelten – von Neuerungen im öffentlichen Beschaffungswesen abgesehen – in praktisch unveränderter Form im WTO-System weiter. Die vorgenommenen Änderungen beziehen sich auf die Ausweitung des Geltungsbereichs der öffentlichen Beschaffung auf die subnationale Ebene (Bundesländer, Kantone und öffentlichrechtliche Werkbetriebe) und die Änderung der geltenden Beschaffungs-Schwellenwerte. Die seinerzeit ebenfalls in der Tokio-Runde beschlossenen plurilateralen Abkommen über Milch und Rindfleisch sind am 31. Dezember 1997 ausgelaufen.

«Während multilaterale Übereinkünfte die weltweite Einheitlichkeit des vertraglichen Regelwerks immerhin gewährleisten», so *Roland Wartenweiler*, «führen plurilaterale Abkommen zu einem Rechtssystem mit variabler Geometrie. Diese Heterogenität weltweiter Handelsregeln ist nicht ganz ungefährlich und könnte bei unsorgfältiger Handhabe das ganze System unterlaufen. Dass dieser Sachverhalt erkannt ist, zeigt sich an der Tatsache, dass der Plurilateralismus in der WTO gegenüber der bisher gültigen Welthandelsordnung deutlich zu Gunsten eines echten Multilateralismus zurückgedrängt wird» (NZZ vom 15.3.1994, Nr. 62, S. 35).

Die folgenden Abschnitte treten auf die beiden heute in Kraft stehenden Abkommen über den Handel mit zivilen Luftfahrzeugen und das öffentliche Beschaffungswesen ein.

§ 1 Das Abkommen über den Handel mit zivilen Luftfahrzeugen

Während der Tokio-Runde ergriffen Japan, Kanada, Schweden, die USA und die damalige EWG die Initiative, im Rahmen der GATT-Verhandlungen ein Abkommen über den Wettbewerb im Handel mit zivilen Luftfahrzeugen zu erarbeiten. Das Abkommen (Agreement on Trade in Civil Aircraft) trat am 1. Januar 1980 in Kraft und besteht seit 1. Januar 1995 im Rahmen der WTO in Form eines plurilateralen Abkommens weiter. Zurzeit (Frühjahr 2009) beteiligen sich 30 Staaten am Abkommen, vor allem die Staaten Europas und Nordamerikas sowie Japan.

Das Ziel des Abkommens ist die Gestaltung eines möglichst freien Handels mit Zivilluftfahrzeugen sowie deren Motoren und Bestandteilen. Eine detaillierte Liste im Anhang des Abkommens zählt die frei handelbaren Produkte auf, angefangen bei Gasmasken, Atmungsapparaten und Einzelersatzteilen bis hin zu ganzen Flugsimulatoren, vollständigen Triebwerken und fertig ausgerüsteten Flugzeugen. Die Schaffung einheitlicher Wettbewerbsbedingungen soll die nachteiligen Auswirkungen der staatlichen Unterstützungspolitik auf ein Mindestmass beschränken. Auch staatliche Käufe sind nur nach kommerziellen Kriterien wie Preis, Qualität und Lieferfristen zu tätigen. Mit der Unterzeichnung des Vertrags hat jedes Land das Recht, bei öffentlichen Ausschreibungen zu den gleichen Bedingungen wie die übrigen Länder zur Offertstellung zugelassen zu werden. Das WTO-Abkommen über

Subventionen und Ausgleichsmassnahmen findet auf den Handel mit Zivilluftfahrzeugen Anwendung.

Wie die Überschrift des Abkommens sagt, bezieht sich die Vereinbarung ausschliesslich auf den Handelsbereich der zivilen Luftfahrzeuge. Die Beschaffung von Flugzeugen für militärische Zwecke ist ausgenommen. Streitfälle sind auf dem Konsultationsweg anzugehen. Bei Nichteinigung kann die Streitschlichtungsstelle der WTO angerufen werden.

Die in der Uruguay-Runde und den unmittelbar anschliessenden Jahren verfolgte Absicht, den Subventionsteil des Abkommens neu zu regeln und im Sinne einer multilateralen Vereinbarung für alle WTO-Mitglieder verbindlich zu erklären, scheiterte an den Partikularinteressen der einzelnen Vertragspartner. Aufgrund dieser Situation bestand damals der Allgemeine Rat der WTO darauf, das Abkommen in seiner plurilateralen Form zu belassen. Die Integration eines nicht funktionierenden Abkommens in den Kreis der allgemeinverbindlichen WTO-Verträge würde, so der Allgemeine Rat, dem Ansehen der WTO schaden. Die in der Vereinbarung für später vorgesehenen Verhandlungen über die Revision des Vertragstexts und die Ausweitung der Vertragspartnerschaft haben bis heute (Frühjahr 2009) zu keinen Vertragsänderungen geführt.

§ 2 Das Abkommen über das öffentliche Beschaffungswesen

Die Bezeichnungen «Staatshandel» und «staatlicher Handel» weisen auf Importe und Exporte von Gütern und Dienstleistungen hin, die im Namen und auf Rechnung einer Regierungsstelle oder einer mit staatlichen Privilegien und Kompetenzen ausgestatteten privaten Unternehmung getätigt werden. Dabei unterscheidet die WTO zwischen «kommerziellem» Staatshandel beziehungsweise staatlichem Handel einerseits und «öffentlicher Beschaffung» des Staates andererseits. Der kommerzielle Staatshandel bezieht sich auf den Kauf von Gütern und Dienstleistungen durch den Staat zum Wiederverkauf oder zur Erzeugung und Bereitstellung von zum Verkauf vorgesehenen Gütern und Dienstleistungen. Die öffentliche Beschaffung hingegen beinhaltet den Kauf von Gütern und Dienstleistungen durch den Staat zum staatlichen Eigengebrauch oder Eigenverbrauch.

In den 1950er Jahren machte die öffentliche Beschaffung in den Industriestaaten knapp 10 Prozent des Bruttoinlandprodukts aus, gegenüber 15 bis 20 Prozent in den achtziger und neunziger Jahren. Mit der inzwischen in vielen Ländern eingesetzten Privatisierung von staatlichen Betrieben (z.B. in den Bereichen Post, Eisenbahn, Elektrizitätswirtschaft und Telekommunikation) dürfte die relative Bedeutung der öffentlichen Beschaffung voraussichtlich wieder etwas zurückgehen.

Für den kommerziellen Staatshandel gelten gemäss Art. XVII.1(a) GATT die allgemeinen Grundsätze der Nichtdiskriminierung, «die nach diesem Abkommen [GATT] für staatliche Massnahmen in Bezug auf die Ein- oder Ausfuhr durch Privatunternehmen vorgeschrieben sind».

Im Bereich der öffentlichen Beschaffung ist der Staat als Letztgebraucher oder Letztverbraucher der eingeführten Waren oder Dienstleistungen von der GATT-Verpflichtung der Nichtdiskriminierung entbunden. Art. XVII.2 GATT verlangt lediglich eine «billige und angemessene Behandlung» des Handelspartners. Die Sonderstellung der öffentlichen Beschaffung geht auf die ITO-Statuten der vierziger Jahre zurück. Schon damals waren die Regierungen nicht bereit, die ihnen im öffentlichen Beschaffungswesen zugestandenen Privilegien preiszugeben.

Die in der Nachkriegszeit zunehmende Bedeutung der öffentlichen Beschaffung bewog die GATT-Vertragspartner, die Liberalisierung dieses Wirtschaftsbereichs auf die Tagungsliste der Tokio-

Runde zu setzen. Das Ergebnis der anschliessenden Verhandlungen war das Abkommen über das öffentliche Beschaffungswesen (Agreement on Government Procurement), das auf den 1. Januar 1981 in Kraft trat. Am 1. Januar 1996 ging das Abkommen – nachdem es in der Uruguay-Runde einzelne Änderungen erfahren hatte – unter dem gleichen Namen als plurilaterales Abkommen in das WTO-Vertragswerk ein.

Die Partner des heute geltenden Abkommens sind: China, die EU(27), Hongkong, Island, Israel, Japan, Kanada, Liechtenstein, die Niederlande im Namen von Aruba, Norwegen, die Schweiz, Singapur, Südkorea und die USA. Den Beobachterstatus haben rund 20 Regierungen und die internationalen Organisationen IMF, Internationales Handelszentrum (International Trade Center, ITC), Organisation für Wirtschaftliche Zusammenarbeit und Entwicklung (Organization for Economic Co-operation and Development, OECD) und UNCTAD.

1. Die Zielsetzung und der Geltungsbereich

Das Abkommen über das öffentliche Beschaffungswesen verfolgt vor allem zwei Ziele: Erstens die Gleichstellung der in- und ausländischen Waren und ihrer Anbieter sowie der grenzüberschreitenden Dienstleistungen und ihrer Erbringer (Inländerprinzip), und zweitens die Nichtdiskriminierung der in- und ausländischen Waren und Dienstleistungen sowie ihrer Anbieter zwischen den Vertragsparteien des Übereinkommens (mfn-Prinzip).

Die Prinzipien der Inlandgleichbehandlung und der Meistbegünstigung dürfen über technische Spezifikationen (Umschreibung der zu beschaffenden Ware) nicht umgangen werden. Das Abkommen über technische Handelshemmnisse (TBT-Abkommen) ist auf das öffentliche Beschaffungswesen anzuwenden.

Das Abkommen bezieht sich auf alle Gesetze, Vorschriften, Verfahren und Praktiken, welche die Beschaffung von Waren und

Dienstleistungen durch die Behörden der Unterzeichnerstaaten betreffen. Der Dienstleistungsbereich ist in der Uruguay-Runde in das Abkommen aufgenommen worden.

Die in der Uruguay-Runde getroffene Vereinbarung betrifft die Regierungen und Behörden der Vertragspartner sowie – dies ist gegenüber dem Tokio-Abkommen neu – viele subnationale Stellen, das heisst Provinzen, Bundesländer, Kantone und öffentlichrechtliche Körperschaften. So erwähnt beispielsweise Anhang I der Schweiz auf Bundesebene das Bundesamt für Bauten und Logistik und die Technischen Hochschulen in Zürich und Lausanne. Der Anhang II listet die Kantone mit ihren Bauämtern auf, und der Anhang III enthält einzelne öffentlichrechtliche Körperschaften wie zum Beispiel den Wasserverbund Region Bern und die Verkehrsbetriebe Zürich. Für Deutschland erwähnt der erste Anhang sämtliche Bundesministerien, der zweite die öffentlichen Einrichtungen der Bundesländer wie Universitäten, Fachhochschulen und Spitäler, und der dritte die öffentlichrechtlichen Körperschaften auf kommunaler Ebene wie zum Beispiel die Gemeindewasserwerke, die kommunalen Energiebetriebe und den öffentlichen Personenverkehr.

Das Abkommen führt die Schwellenwerte auf, bei deren Überschreitung die öffentlichen Beschaffungsaufträge dem Abkommen unterstehen (Angaben in Sonderziehungsrechten bzw. Special Drawing Rights, SDR; 1 SZR ≈ 1.49 US$ bzw. 1.15 €, November 2008). Auf nationaler Ebene gilt für Güter und Dienstleistungen ein Schwellenwert von 130'000 SZR, auf subnationaler Ebene (Provinzen, Bundesländer und Kantone) ein Wert von 200'000 SZR und für staatliche Unternehmen in den Sektoren Wasser, Energie und Verkehr ein Wert von 400'000 SZR. Für Bauleistungen gilt eine Limite von 5 Mio. SZR. Abweichende Schwellenwerte gelten zum Teil für Kanada, Israel und die USA (höhere Werte für Güter und Dienstleistungen der subnationalen Stellen in den USA und in Kanada, höhere Bauleistungswerte für Israel).

2. Das Vergabeverfahren

Das Übereinkommen weist auf die heute gebräuchlichsten Verfahren hin: offenes, selektives und freihändiges Verfahren. Beim offenen Verfahren können alle interessierten Lieferanten ein Angebot einreichen. Im selektiven Verfahren offerieren nur Lieferanten, die dazu eingeladen werden. Beim freihändigen Verfahren setzen sich die Beschaffungsstellen mit einzelnen Lieferanten in Verbindung.

Im offenen und selektiven Verfahren treffen die Beschaffungsstellen im so genannten Qualifikationsverfahren eine erste leistungsorientierte Selektion. Die Vornahme einer echten Selektion setzt eine rechtzeitige Veröffentlichung der Teilnahmebedingungen voraus. Die Veröffentlichung hat unter anderem zu enthalten: Art und Menge der Ware, Art des Verfahrens, Liefertermine, Eingabeort, technische und finanzielle Anforderungen sowie Zahlungsmodalitäten. Im selektiven Verfahren veröffentlichen die Beschaffungsstellen jährlich eine Liste der qualifizierten Lieferanten einschliesslich der Aufnahmebedingungen in die Liste sowie eine Aufzählung der nach diesem Verfahren gekauften Waren und Dienstleistungen. Die Eingabefristen und Liefertermine sind gemäss Übereinkommen den üblichen Handelsusanzen anzupassen. Die den Lieferanten zur Verfügung gestellten Vergabeunterlagen haben alle Angaben zu enthalten, die eine ordnungsgemässe Eingabe ermöglichen (Angaben administrativer und technischer Art).

Die freihändige Vergabe darf gewählt werden, wenn bei einem offenen oder selektiven Verfahren keine ausreichenden Angebote eingegangen sind, bei Kunstwerken, aus Gründen äusserster Dringlichkeit, bei Zusatzleistungen und bei der Beschaffung von Prototypen oder einer Erstanfertigung. Die freihändige Vergabe darf nicht in der Absicht erfolgen, den offenen Wettbewerb zu verhindern. Auch ist untersagt, diese Art der Vergabe zur Diskriminierung zwischen ausländischen Lieferanten oder zum Schutz inländischer Produzenten und Dienstleistungserbringer einzusetzen (in Missachtung des Meistbegünstigungs- und Inländerprinzips).

Eingeholte Angebote sind unter Bedingungen entgegenzunehmen und zu öffnen, welche die Ordnungsmässigkeit der Öffnung gewährleisten. Die Öffnung der Angebote hat in Anwesenheit der Anbieter oder deren Vertreter oder eines unparteiischen Zeugen zu erfolgen. Das Übereinkommen betont in diesem Zusammenhang, dass auch die Entgegennahme und das Öffnen der Angebote «mit den Bestimmungen dieses Übereinkommens über die Inländerbehandlung und Nichtdiskriminierung im Einklang» zu stehen haben.

Für die Zuschlagserteilung legt das Übereinkommen keine spezifischen Kriterien fest. Es steht dem Auftraggeber frei, neben dem Preis auch andere Faktoren wie Qualität, Service, Lieferfrist, Ersatzteillager usw. zu berücksichtigen. Die angewandten Kriterien sind im Voraus bekannt zu geben. Das Übereinkommen legt den Abkommenspartnern nahe, nach Möglichkeit von Kompensationsgeschäften abzusehen (Gegengeschäfte wie z.B. «local content-Vorschriften» zur Förderung der lokalen Entwicklung oder der Behebung von Zahlungsbilanzschwierigkeiten).

Das Übereinkommen hält sich in Bezug auf die Ausnahmebestimmungen an das GATT. In Anlehnung an Art. XX GATT ist keine Bestimmung des Abkommens so auszulegen, «dass sie eine Vertragspartei daran hindert, Massnahmen zu beschliessen oder durchzuführen zum Schutz der öffentlichen Sittlichkeit, Ordnung und Sicherheit, zum Schutz des Lebens und der Gesundheit von Menschen, Tieren und Pflanzen, zum Schutz des geistigen Eigentums oder von Waren, die von Behinderten, Insassen von Wohltätigkeitseinrichtungen oder Strafgefangenen hergestellt werden» (Art. XXIII.2 Abkommen öffentliche Beschaffung).

Zudem darf das Übereinkommen im Sinne von Art. XXI GATT die Vertragsparteien nicht daran hindern, «zum Schutz ihrer wesentlichen Sicherheitsinteressen in Bezug auf die Beschaffung von Waffen, Munition oder Kriegsmaterial oder in Bezug auf die nationale Sicherheit oder die nationale Verteidigung unerlässliche Beschaffungen Massnahmen zu treffen oder Auskünfte zu verweigern, soweit sie dies für erforderlich erachten» (Art. XXIII.1 Abkommen öffentliche Beschaffung).

3. Die Entwicklungsländer

Die Vertragspartner des Abkommens über das öffentliche Beschaffungswesen werden aufgefordert, auf die besonderen Bedürfnisse der Entwicklungsländer Rücksicht zu nehmen. Diese Rücksichtnahme besteht in der Errichtung von Informationszentren in den Industriestaaten, um auf diese Weise den Drittweltländern den Marktzutritt zu erleichtern. Zudem haben die Vertragspartner den wirtschaftlich schwachen Staaten im Zusammenhang mit dem öffentlichen Beschaffungswesen technische Hilfe jeglicher Art zu leisten.

Die Vertragspartner sind ermächtigt, mit Entwicklungsländern unilaterale Verträge zur Gewährung spezieller Vorteile abzuschliessen. Ein solches Abkommen ist zum Beispiel das Präferenzabkommen zwischen der EU und den Afrikanisch-Karibisch-Pazifischen Staaten (AKP-Staaten), das auf den 1. Januar 2008 in die völkerrechtliche Form eines Partnerschaftsabkommens umgewandelt wurde.

4. Die Fortführung des Abkommens

Im Mittelpunkt der künftigen Verhandlungen über das öffentliche Beschaffungswesen werden vor allem drei Anliegen stehen: Erstens, die Ausweitung des Kreises der Beschaffungsstellen über die zentralen, regionalen und öffentlichrechtlichen Beschaffungsstellen hinaus auf sämtliche öffentlichrechtliche Körperschaften, das heisst auch auf jene Stellen, die heute vom Abkommen nicht erfasst sind. Zweitens, die Senkung und auf lange Frist die vollständige Beseitigung der Schwellenwerte, so dass jede öffentliche Beschaffung, unabhängig von ihrem Wert, dem internationalen Wettbewerb ausgesetzt ist. Und drittens, die Überführung des plurilateralen Abkommens in ein multilaterales WTO-Abkommen, das sämtliche WTO-Mitglieder, und nicht nur eine Auswahl freiwilliger Vertragspartner, zu offenen Märkten verpflichtet.

8. Teil: Erfolg und Misserfolg der WTO

Am 15. September 1986 eröffnete *Julio Maria Sanguinetti*, Präsident von Uruguay, in Punta del Este die achte GATT-Runde mit den warnenden Worten: «Wir haben uns zu entscheiden, ob wir den Weg eines freien und wohlstandsfördernden Welthandels mit gleichen Chancen für alle oder den Weg des internationalen Handelskriegs gehen wollen» (GATT, FOCUS 1986/41, S. 7). Sieben Jahre später schloss *Peter Denis Sutherland*, Generaldirektor des GATT, die unter dem Namen «Uruguay-Runde» in die Handelsgeschichte eingegangenen Verhandlungen mit der beruhigenden Feststellung: «Heute hat sich die Welt für Offenheit und Zusammenarbeit entschieden, statt für Unsicherheit und Konflikt» (GATT, FOCUS 1993/ 104, S. 1). Diese von den Diplomaten verwendeten Schwarz-Weiss-Metaphern über Erfolg und Misserfolg von Verhandlungen dürfen nicht dahin verstanden werden, dass ein positives Ergebnis von Verhandlungen alle Probleme des internationalen Handels löst und ein Fehlschlag zum internationalen Handels-Chaos führt. Die in der Uruguay-Runde erzielten Resultate waren das Bestmögliche, ein Kompromiss zwischen Protektionismus und Freihandel. Viele Fragen blieben auch in dieser Handelsrunde unbeantwortet und viele Probleme harren weiterhin der Lösung.

Die Ministerkonferenzen von Singapur (1996), Genf (1998) und Seattle (1999) waren von der Idee beseelt, den in den Verhandlungen der Uruguay-Runde gewonnenen Schwung auf die kommende Runde, die so genannte «Millenniums-Runde», zu übertragen. In der «Schlacht von Seattle» ging diese Hoffnung unter. Für den damaligen Misserfolg werden verschiedene Ursachen verantwortlich gemacht, mangelhafte Vorbereitung von Seiten der WTO, unversöhnliche Verhandlungspositionen zwischen Nord und Süd, Differenzen zwischen Industrie- und Gewerkschaftsvertretern sowie Meinungsverschiedenheiten zwischen Regierungen und Nichtregierungsorganisationen (NGOs). Dem WTO-Sekretariat war es offensichtlich nicht gelungen, der Konferenz eine einvernehmlich ausgearbeitete Ministererklärung vorzugeben. Die Industriestaaten und die Entwicklungsländer bestanden im Agrarhandel auf festgefahrenen Forderungen. Die USA, Kanada und die Cairns-Gruppe verlangten einen massiven Abbau der Agrarsubventionen, den die EU, Japan und die Schweiz nicht zu akzeptieren bereit waren. Uneinigkeit herrschte auch in der internationalen Gesundheits-, Sozial- und Umweltschutzpolitik. Die Kritiker der WTO machten, wie weiter oben ausgeführt, geltend, das heutige Handelssystem übersehe die tatsächlichen Auswirkungen des Güter- und Dienstleistungshandels auf das Leben und die Gesundheit der Menschen, Tiere und Pflanzen, trage den sozialen Aspekten nicht ausreichend Rechnung und zerstöre in zunehmendem Masse die Umwelt.

Um den in Seattle angerichteten Schaden gutzumachen, bereitete das WTO-Sekretariat die Ministerkonferenz von Doha (Katar) vor. Am 14. November 2001 gelang es den Ministern der WTO-Mitglieder, ihre zum Teil weit auseinander liegenden Forderungen auf einen gemeinsamen Nenner zu bringen und eine neue Handelsrunde, die «Doha-Runde», zu beschliessen. Die in Doha erzielte Einigkeit ist einerseits im Schatten des 11. Septembers 2001 zu sehen und beruht andererseits auf einer in vielen Bereichen unklaren, unbestimmten und zum Teil widersprüchlich abgefassten Mandatserteilung an die WTO. Der indische Handelsminister sprach bei der Annahme der Erklärung von einer «schöpferischen Mehrdeutigkeit».

Nach der Doha-Konferenz folgten die Jahre des Hoffens und Bangens sowie der verpassten Fristen. Die vom Agrarausschuss vorgelegten Agrarvorschläge (Harbinson-Bericht) wurden von den Handelspartnern im Februar/März 2003 einstimmig abgelehnt. Die Singapur-Themen (Fragen des Wettbewerbs, der Investitionen, der Transparenz im öffentlichen Beschaffungswesen und der erleichterten Grenzverfahren) stiessen auf den Widerstand der

Entwicklungsländer. Die geplante Liberalisierung des grenzüberschreitenden Dienstleistungshandels fiel der damals schlechten Weltwirtschaftslage zum Opfer. Und alle diese Gegebenheiten führten im Herbst 2003 zum «durchschlagenden Misserfolg» der Konferenz von Cancún (Mexiko), auch wenn die Politiker hinterher der Öffentlichkeit beteuerten, sie hätten beträchtliche Fortschritte gemacht («We have, indeed, made considerable progress [...]». Ministerial statement, Day 5, Ziff. 3). Ende Juli 2004 einigten sich die Vertreter der WTO-Mitglieder über die Wiederaufnahme der Doha-Verhandlungen («July 2004 package»). Im Mittelpunkt der künftigen Gespräche soll weiterhin der Agrarhandel stehen. Die Fragen des Güter- und Dienstleistungshandels verblieben ebenfalls auf der Traktandenliste. Von den Singapur-Themen wurden Wettbewerb, Investitionen und Transparenzfragen ausgeblendet und die Verhandlungen über die Erleichterung der Grenzabfertigung belassen. Die im Dezember 2005 folgende Ministerkonferenz von Hongkong setzte sich das Ziel, die Doha-Runde bis Ende 2006 abzuschliessen. Im Juli 2006 mussten indessen die Verhandlungen mangels Erfolgen erneut ausgesetzt werden. Eine Wiederaufnahme der Gespräche folgte im Februar 2007. Im folgenden Jahr wurden vor allem zwei Verhandlungsunterlangen (weiter) ausgearbeitet, die Verhandlungsunterlage für den Agrarhandel und die Verhandlungsunterlage für die Nicht-Agrarprodukte (Non-Agricultural Market Access, NAMA). Die im Juli 2008 in Genf tagende Ministerkonferenz scheiterte erneut an den Forderungen und Gegenforderungen im Agrarbereich. Die Entwicklungsländer, insbesondere Indien, China, Indonesien und die Philippinen, verlangten von den Industrieländern eine weitergehende Agrarmarktöffnung und für sich selber zusätzliche Agrarschutzmassnahmen («safeguard measures») für den Fall steigender Agrarproduktpreise. Die USA, unterstützt durch Uruguay, Paraguay und Thailand, vertraten die Meinung, das Ziel der WTO-Verhandlungen sei die Beseitigung und nicht die Einführung neuer Handelshemmnisse. Ob und wann die Doha-Verhandlungen fortgesetzt werden, ist zurzeit (Frühjahr 2009) ungewiss.

Die folgenden Abschnitte treten im Sinne einer abschliessenden Zusammenfassung auf einige Stärken und Schwächen der heute geltenden Welthandelsordnung ein. Dabei darf nicht übersehen werden, dass es sich in der Regel nicht um die Erfolge und die Misserfolge der WTO als Institution handelt. Die Verantwortung für die Ausgestaltung der Welthandelsordnung, die Realisierung und Nichtrealisierung der Vorschläge, liegt letztlich bei den WTO-Mitgliedern und ihren Regierungen, und nicht bei der WTO als Institution und internationale Organisation.

1. Die Erfolge der Welthandelsordnung

Als positiv zu werten sind zweifelsohne das im ursprünglichen GATT sich gegenseitig zugestandene Eingeständnis der Nichtdiskriminierung, der im folgenden halben Jahrhundert erzielte Abbau von Zöllen und anderen Handelshemmnissen und das seit jeher relativ gute Funktionieren der GATT- beziehungsweise WTO-Streitschlichtung.

a) Die Nichtdiskriminierung

Mit der vertraglichen Verankerung des Meistbegünstigungs- und Inländerprinzips haben die Gründer des GATT der internationalen Handelspolitik einen «code of good behavior» vorgegeben. Die Vertragspartner des GATT verpflichteten sich, auf eine gegenseitige Diskriminierung zwischen den Vertragspartnern des GATT zu verzichten und ihre eigenen Güter und deren Anbieter gegenüber den Importen und Anbietern aus anderen GATT-Partnern nicht zu begünstigen. Damit hat die Welthandelsordnung von Anfang an eine Ausrichtung erfahren, die allen Handelspartnern, unabhängig ihrer Marktmacht, die gleichen Rechte und Pflichten gewährt beziehungsweise auferlegt. Die Meistbegünstigung und das Inländerprinzip sind auch heute noch die wesentlichen Elemente, welche die Teilhabe an der Welthandelsordnung für alle Handelspartner attraktiv machen. Eine gewisse Uneinigkeit bestand anfänglich über die Ausnahmen von diesen Grundprinzipien. Die USA verlangten eine zeitliche Beschränkung der bestehenden Präferenzen und regionalen Freihandelsabkommen. Grossbritannien und Frankreich bestanden auf der Weiterführung der Präferenzen zu Gunsten der Commonwealthländer und überseeischen Gebiete. Die Entwicklungsländer wiederum traten für zusätzliche Ausnahmen vom mfn-Prinzip ein. Einige dieser Ausnahmen sind heute gegenstandslos («Grandfather clauses» und Commonwealth-Präferenzen), andere hingegen sind nach wie vor von hoher Aktualität. Das Problem des Unterlaufens des mfn-Prinzips durch die Freihandels- und Wirtschaftlichen Partnerschaftsabkommen wird weiter unten nochmals aufgenommen.

b) Der Abbau von Handelshemmnissen

Positiv zu werten ist auch der im Verlauf der GATT-Geschichte gelungene Abbau von Zöllen und anderen Handelshemmnissen. Dabei ist daran zu erinnern, dass in den 1950er Jahren die Zölle der westlichen Staaten im Handel mit gewerblichen und industriellen Gütern (ausgenommen Erdöl) auf einem Niveau von durchschnittlich 40 bis 50 Prozent lagen (alle Angaben dieses Abschnitts sind gewogene Durchschnitte). Die Zollbarrieren waren damals mit Abstand das wichtigste Instrument im Arsenal der Abwehrmassnahmen gegen die ausländische Konkurrenz. Im Verlauf der acht Handelsrunden gelang es den GATT-Partnern, die Zölle sukzessive abzubauen und vereinzelt gänzlich aufzuheben. Nach der Uruguay-Runde Mitte der 1990er Jahre lagen die durchschnittlichen Zölle bei 3 bis 5 Prozent. Besonders niedrige Zölle (1 bis 2%) weisen seither die Produktgruppen Holz, Möbel, Papier und Papiermasse, mineralische Produkte und Steine, Metalle sowie nichtelektrische Maschinen und Geräte auf. Eine etwas höhere Zollbelastung (5 bis 6%) erfahren die elektrischen Maschinen und Geräte, die Chemikalien sowie die Transportmittel. Überdurchschnittlich hohe Zölle (10 bis 15%) gelten zurzeit noch bei Textilien und Bekleidung sowie Schuhen und anderen Lederwaren. Auf die Frage nach den hohen Agrarzöllen wird weiter unten eingetreten. Kritiker des GATT merken an dieser Stelle an, dass die Zölle in Folge des wirtschaftlichen Aufschwungs und des zunehmenden Handels möglicherweise auch ohne das Bestehen des GATT abgebaut worden wären. Ob diese These zutrifft, und ob und in welchem Ausmass auch die marktmässig kleinen Handelspartner in einen allgemeinen Zollabbau miteinbezogen worden wären, ist hinterher nur schwer zu beurteilen.

Nicht zu unterschätzen sind die Erfolge des GATT bei der Beseitigung der nichttarifären Handelshemmnisse. Das GATT und die WTO haben ihre Handelspartner nicht nur vom Ergreifen neuer Zölle und zollähnlicher Abgaben abgehalten, sondern auch veranlasst, bestehende nichttarifäre Handelshemmnisse, insbesondere die so genannten Selbstbeschränkungsabkommen («Voluntary Export Restraints Agreements»), aufzuheben. In der Zeit 1960 bis 1990 verfügten die marktmässig starken Länder und Ländergruppen (EG, Japan und USA) je über hundert derartige Abkommen, vor allem im Agrar-, Textil-, Bekleidungs- und Stahlbereich (in der Sprache des GATT war die Rede von «New Protectionism»). In diesen Vereinbarungen verpflichteten die marktstarken Partner ihre Zulieferer, die Handelsmengen «freiwillig» zu begrenzen. In der Uruguay-Runde ist es gelungen, die freiwilligen Ausfuhrbeschränkungen, die bilateralen Absatzabsprachen und sonstigen «ähnlichen ausfuhr- oder einfuhrseitigen Massnahmen» abzuschaffen beziehungsweise mit den Bestimmungen des GATT in Übereinstimmung zu bringen oder aufzuheben (Art. 11 des Schutzabkommens).

c) Der Erfolg der Streitschlichtung

Grosse Verdienste kommen dem GATT und der WTO zweifelsohne in der Streitschlichtung zu. Die Streitschlichtung im Rahmen des GATT geht auf die fünfziger Jahre des letzten Jahrhunderts zurück, als zur Schlichtung von Handelsdifferenzen zwischen den Vertragsparteien entsprechende Arbeitsgruppen («Panels») eingerichtet wurden. Die rechtliche Verankerung des Streitschlichtungswesens folgte in der Tokio-Runde Ende der 1970er Jahre und anfangs der 1990er Jahre in der Uruguay-Runde. Mit der Novellierung des Streitschlichtungsverfahrens ist anstelle der blossen Beratungs- und Empfehlungspraxis ein gerichtsähnliches Verfahren mit ausserparteilichen Stellen getreten. Die Grundidee der heutigen WTO-Streitschlichtung besteht darin, Handelsdifferenzen und Meinungsverschiedenheiten vorerst einer «wohlwollenden» Prüfung zu unterziehen und sich gegenseitig ausreichende Gelegenheit für Konsultationen zu gewähren. Im WTO-Streitschlichtungsverfahren geht es nicht darum, Vertragsverletzungen zu ahnden, sondern «einvernehmliche Lösungen» zu finden, «eine zufriedenstellende Bereinigung der Angelegenheit in Übereinstimmung mit den Rechten und Pflichten [...] herbeizuführen» (Art. 3.4 WTO-Streitbeilegungsverfahren).

Während der GATT-Regelung verzeichnete die Streitschlichtungsstelle rund 200 Anrufungen. Knapp ein Drittel der Klagen fanden eine «aussergerichtliche» Lösung. Ein zweiter Drittel konnte (vor Abschluss des Verfahrens) durch Vergleich geregelt werden. In rund 40 Prozent der Fälle kam es zu einer Empfehlung durch die GATT-Streitschlichtungsstelle. In der Zeit der WTO hat Mexiko am 24. Oktober 2008 das 381. Streitschlichtungsverfahren angestrengt. Mexiko verlangt Konsultationen mit den USA, weil die USA den Mexikanern den Verkauf von Tunfisch in den USA unter dem Label «dolphin-safe» verbieten, obwohl – nach Aussage Mexikos – diese Tunfische gemäss Vorschriften der Inter-American Tropical Tuna Commission gefangen würden. Etwa zwei Drittel der Fälle wurden auch in der WTO-Zeit ebenfalls zurückgezogen oder vorzeitig verglichen. Die restlichen Fälle führten zu einem Entscheid. Rund 80 Prozent der Panelentscheide gelangen zurzeit zweitinstanzlich an das seit 1994 bestehende Rekursorgan. Der

Erfolg der seinerzeitigen GATT- und heutigen WTO-Schlichtungsstelle besteht aber nicht in der Anzahl der Klagen sowie der Panel- und Rekursentscheide, sondern in der Tatsache, dass die Vertragsparteien zwischen 80 bis 90 Prozent der Entscheide respektieren. Auf diese Weise kann verhindert werden, dass sich Streitfälle zu «Flächenbränden» ausweiteten, indem angebliche Vertragsverletzungen mit Sanktionen vergolten werden, die wiederum Gegenmassnahmen auslösen usw. In vielen Fällen trägt die Schlichtung aber auch dazu bei, dass Streitigkeiten, die aus binnenpolitischen Erwägungen fast unlösbar sind, doch ein glückhaftes Ende finden. Oft ist eine Regierung aus binnenpolitischen Gründen nämlich kaum in der Lage, gegenüber ausländischen Partnern Kompromisse einzugehen, ohne von der politischen Opposition im eigenen Land als schwach und unfähig kritisiert zu werden. Fällt hingegen der Entscheid in Genf, ist der Streit «vom Tisch» und hinterlässt keinen binnenpolitischen Scherbenhaufen.

d) Weitere positive Effekte

Die Erfolge der WTO auf einige Schwerpunkte zu konzentrieren, birgt die Gefahr in sich, positive Nebenwirkungen der Welthandelsordnung zu übersehen. Allein schon das Bestehen einer gemeinsamen Ordnung, der Einfluss internationaler Vereinbarungen auf das nationale Recht, das regelmässige Sichtreffen der für die Handelspolitik verantwortlichen Regierungsleute und Beamten, die erhöhte Transparenz auf internationaler Ebene und der Pranger des öffentlichen Streitschlichtungsverfahrens beeinflussen das «Wohlverhalten» der Handelspartner: Der Einsatz von handelspolitischen Instrumenten wie Zöllen, Subventionen und Antidumpingabgaben wird gewissermassen «diszipliniert», der Schutz der grenzüberschreitenden Dienstleistungen und der handelsrelevanten Eigentumsrechte wird transparenter und die Diskriminierung schwächerer Handelspartner kann sich bei einem öffentlichen Schlichtungsverfahren zum Nachteil des Stärkeren wenden. Dieser Vorteile würde man sich indessen erst bewusst werden, wenn sie verloren gingen. Trotzdem sind die (noch) offenen Probleme nicht zu beschönigen.

2. Die (noch) bestehenden Probleme

Wenn an dieser Stelle von (noch) bestehenden Problemen die Rede ist, dann in dem Sinne, dass es sich um Schwierigkeiten handelt, die bis heute nicht gemeistert oder noch nicht angegangen worden sind. Um die folgenden Ausführungen zu strukturieren, werden an erster Stelle Probleme aufgegriffen, die den einzelnen Verträgen zuzuordnen sind (in der Reihenfolge dieser Veröffentlichung), um mit einigen vertragsübergreifenden Fragen abzuschliessen.

a) Im Güterhandel allgemein

Die Ministererklärung von Doha fordert eine weitere Zollsenkung auf den Industrieprodukten, die Reduktion der Spitzenzölle (in den Bereichen Textilien, Bekleidung, Leder und Lederwaren) sowie die Beseitigung der Zolleskalation. Interessant ist in diesem Zusammenhang der 2002 von den USA unterbreitete Vorschlag, bis zum Jahr 2015 sämtliche Industriegüterzölle aufzuheben. In der ersten Phase 2005 bis 2010 seien die Zölle mit einem Satz von weniger als 5 Prozent abzubauen. Allein diese Massnahme hätte nach Schätzungen der US-Regierung eine völlige Liberalisierung von drei Vierteln der Importe der USA, Europas und Japans zur Folge. In der Zeit 2010 bis 2015 wären die noch verbliebenen Zölle zu streichen. Für die Industriestaaten mit einem gewichteten Durchschnitsszoll für gewerbliche und industrielle Güter von 3 bis 5 Prozent mag dieser Vorschlag durchaus realisierbar sein (in der Schweiz liegt der gewichtete Durchschnittszoll zurzeit bei 1.8, in Japan bei 3.5, in den USA bei 3.9, in der EU bei 4.1 und in Kanada bei 5.2%). Schwieriger wird es den Entwicklungsländern fallen, ihre zum Teil hohen Zollbarrieren aufzugeben. In den afrikanischen Ländern betragen die durchschnittlichen Zollsätze etwa 20, in den lateinamerikanischen Staaten zwischen 30 und 40 und in Indien fast 60 Prozent (WTO (2001), S. 8). In den Ländern der Dritten Welt würde die Preisgabe der Zölle eine Neugestaltung ihrer Fiskalpolitik erfordern. Mit anderen Worten, die von Genf immer wieder verbreitete Erfolgsmeldung, das GATT beziehungsweise die WTO hätte die Zölle weitgehend beseitigt, betrifft allein die gewerblichen und industriellen Produkte der Industriestaaten. Im Agrarbereich der Industrieländer und im Industriebereich der Entwicklungsländer ist hingegen der bisherige Abbau der Zölle eher bescheiden ausgefallen.

b) Im Dienstleistungssektor

Gemäss Art. XIX GATS hatten die WTO-Mitglieder spätestens fünf Jahre nach Inkrafttreten des Abkommens Verhandlungen aufzunehmen, um im Bereich des grenzüberschreitenden Dienstleistungshandels «schrittweise einen höheren Stand der Liberalisierung [...] zu erreichen». Auf dieser Rechtsgrundlage forderte die WTO fristgerecht ihre Mitglieder auf, Verhandlungsvorschläge einzureichen. Die von rund 50 Regierungen verfassten Anträge beziehen sich schwergewichtig auf die Freizügigkeit der Arbeitskräfte (die Entwicklungsländer drängen auf die Öffnung der Arbeitsmärkte), die spezielle Situation der kleinen und mittelgrossen Dienstleistungsbetriebe im Aussenhandel sowie die Transparenz der nationalen Dienstleistungsvorschriften. Weitere Themen sind die so genannten Negativ- und Positivlisten. Die WTO verlangte anfänglich eine zeitliche Befristung der mfn-Negativlisten auf zehn Jahre. Nach Angaben des WTO-Sekretariats sind aber heute noch vier Fünftel aller Negativlisten zeitlich unbefristet. Ähnliche Probleme schaffen die Positivlisten der Inländergleichbehandlung. Viele WTO-Mitglieder haben einen Grossteil ihrer Dienstleistungen dem Inländerprinzip nicht unterstellt und ihre Listen in den vergangenen Jahren nicht «aufgefüllt». Im Finanzdienstleistungssektor hat man es in den zehn

Jahren nach Abschluss der Nachverhandlungen bei der Regelung der Meistbegünstigung belassen, ohne weitere Liberalisierungsmassnahmen einzubringen. An der nachträglich verhandelten Personenfreizügigkeit beteiligen sich nur einige wenige Länder. Im Telekommunikationsbereich scheint vor allem die internationale Vereinheitlichung des Multimediamarkts (E-Commerce und audiovisuelle Dienste) Mühe zu bereiten. In allen diesen Bereichen werden zusätzliche Verhandlungen notwendig sein, soll der internationale Handel mit Dienstleistungen weiter geöffnet werden. Mit anderen Worten, das GATS ist zurzeit noch ein Vertrag im Entstehen, unterfüttert mit einer Vielzahl von Listenausnahmen und nicht erfassten Teilbereichen.

Die Doha-Erklärung von 2001 verlangte, bei der Weiterverfolgung der Dienstleistungsprobleme den speziellen Bedürfnissen der Entwicklungsländer Rechnung zu tragen. Die Drittweltländer sollten nicht verpflichtet werden, ihre staatlich geschützten Dienstleistungsbetriebe dem internationalen Wettbewerb auszusetzen. Ob solche Schutzversprechen den wirtschaftlich schwachen Ländern auf längere Sicht dienlich sind, darf mit Fug und Recht hinterfragt werden.

Wie den heute bekannten Verhandlungsunterlagen zu entnehmen ist, soll der Schutz öffentlicher Dienstleistungen («Service public») vollständig gewahrt bleiben, auch wenn die Öffnung der Sektoren wie Post, Telekom, Detailhandel, Umwelt- und Finanzleistungen, Tourismus und Verkehr auf der Tagesordnung der Verhandlungen steht. Bekannt ist, dass die EU sich nach wie vor weigert, über die Bildung, die Gesundheit und den audiovisuellen Sektor zu verhandeln. Die «kulturelle Vielfalt» dürfe nicht aufgegeben werden.

c) Im TRIPS

In Ergänzung zur TRIPS-Erklärung von Doha 2001 verabschiedeten die Minister Ende August 2003 eine Zusatzerklärung. Danach erhalten die Entwicklungsländer einen «interim waiver» zur Bekämpfung von HIV/Aids, Tuberkulose, Malaria und anderen Epidemien. In Ausnahmefällen («for emergencies or extremely urgent situations») haben auch Hongkong, Israel, Korea, Kuwait, Macau, Katar, Singapur, Taiwan, Türkei und Vereinigte Arabische Emirate das Recht, von dieser Ausnahme Gebrauch zu machen. Die Ausnahmebestimmung beinhaltet, dass die Länder der Dritten Welt unter bestimmten Voraussetzungen patentgeschützte Medikamente in Form von Zwangslizenzen herstellen dürfen. Offen sind noch die Fragen, wie die WTO-Mitgliedstaaten ohne oder mit bloss ungenügender Produktionskapazität im pharmazeutischen Bereich von den Zwangslizenzen profitieren können, für welche «anderen vergleichbaren Epidemien» der Gebrauch von Zwangslizenzen zulässig ist, wie garantiert werden kann, dass diese Medikamente tatsächlich den armen Ländern zugute kommen und nicht nach den kaufkräftigeren Industriestaaten exportiert werden, wer die Produktionskapazitäten der Länder beurteilt und wie die vorgesehene Regelung juristisch zu fassen ist. Der «interim waiver» gilt bis zum Zeitpunkt, zu dem die Revision des TRIPS abgeschlossen ist.

Neben den Problemen in den Bereichen der Hauptverträge GATT, GATS und TRIPS stehen auch Themen in den Handelsbereichen der WTO-Zusatzabkommen an. Es folgen einige Hinweise auf Probleme in den Zusatzabkommen.

d) Im Agrarhandel

Im internationalen Agrarhandel hat das GATT versagt und die WTO die in sie gesetzten Hoffnung nicht erfüllt. Vor allem zwei Spannungsfelder zeichnen sich ab, erstens zwischen den Handelspartnern, die offene Märkte für ihre Agrarexporte fordern, und jenen, die zum Schutz ihrer eigenen Landwirtschaft die Importe erschweren, und zweitens zwischen dem Norden, der von den Entwicklungsländern eine Reduktion der hohen Industriegüterzölle verlangt, und dem Süden, der von den Industriestaaten als Gegenleistung die Öffnung der Agrarmärkte beansprucht.

Das Agrarabkommen forderte die Vertragspartner auf, ab dem Jahr 2000 den Liberalisierungsprozess im Agrarhandel weiterzuführen. In einer ersten Phase (2000/2001) haben insgesamt 121 WTO-Mitglieder entsprechende Verhandlungsvorschläge eingereicht. Ob diese Vielzahl von Eingaben in der Interpretation des damaligen WTO-Generaldirektors als Vertrauensbeweis in die WTO zu werten ist (WTO (2001), Press Release vom 28.4., S. 1), bleibe dahingestellt. Vielleicht haben die einzelnen Handelsparteien lediglich ihre nationalen Positionen bezogen. In der zweiten Phase (2001/2002) hat der Agrarausschuss aufgrund der Vorschläge ein Konferenzpapier erarbeitet.

Im Frühjahr 2003 unterbreitete die WTO ihren Mitgliedern an einem inoffiziellen Zusammentreffen in Tokio einen ersten Verhandlungsvorschlag. Die Diskussion dieses Vorschlags verdeutlichte, wie weit die Standpunkte der einzelnen Handelspartner auseinander lagen. Die Agrarexportländer, vor allem die USA und die Cairns-Gruppe, verlangten den vollständigen Abbau der Ag rarexportsubventionen sowie eine Reduktion der Inlandstützungen und noch bestehenden Zölle. Nach Ansicht der EU hingegen ist der Abbau des Agrarprotektionismus in den Industriestaaten als langfristiges Projekt zu sehen. Allein die Importe aus den wirtschaftlich ganz armen Ländern könnten ohne Verzug vollständig und diejenigen aus den fortgeschrittenen Entwicklungsländern um 50 Prozent liberalisiert werden. Die EU stiess sich daran, dass die «Blue-Box-Massnahmen (u.a. die Direktzahlungen an die Landwirtschaft) reduziert werden sollten, während andere Schutzmassnahmen wie Exportkredite (der USA) nicht beanstandet würden. Die EU, Japan und die Schweiz setzten am vorgelegten Bericht zudem aus, dass er die Multifunktionalität der Landwirtschaft (Infrastruktur- und Umweltschutzleistungen) nicht ausreichend berücksichtige.

Eine Belebung erfuhren die Agrarverhandlungen im Juli/August 2004. Die Verhandlungsdelegierten einigten sich auf die künftigen Verhandlungsschwerpunkte. Es war vorgesehen, in einer ersten Phase, beginnend mit der Sitzung im Oktober 2004, über die Reduktion der Exportkredite, der Exportgarantien und der Exportversicherungen, die Regelung der staatlichen Agrarexportbetriebe, die Festlegung der Nahrungsmittelhilfe, die Weiterführung der Tarifizierung der Nichtwertzölle und die Schutzmassnahmen für die Entwicklungsländer zu verhandeln. Gegenstand der Verhandlungsphase ab November 2004 wären die Verwaltung der Zollkontingente, die Erarbeitung der Basis für eine Ausweitung der Zollkontingente, die verstärkte Integration des Handels mit tropischen Produkten und die quantitative Erfassung der «Amber-Box-Massnahmen gewesen. Die Verhandlungsdelegierten beabsichtigten, die Agrarverhandlungen bis Mitte Juli 2005 abzuschliessen. Ende Oktober 2006 teilte die WTO jedoch mit, die Agrarverhandlungen hätten erneut aufgeschoben werden müssen, weil fast die Hälfte aller WTO-Mitglieder (namentlich erwähnt wurden Argentinien, EU, Kanada, Korea, Norwegen, Schweiz und USA) die seit Jahren eingeforderten Verhandlungsgrundlagen nicht geliefert hätten (WTO News, 31.10.2006). Ende April und Ende Mai 2007 wandte sich der Vorsitzende des WTO-Agrarausschusses mit wortreichen, aber über weite Strecken belanglosen und inhaltleeren «Farm talks» an die Agrardelegationen und forderte sie auf, die Verhandlungen wieder aufzunehmen. Ob die unterschiedlichen Wünsche und Forderungen der Agrarimport- und Agrarexportländer ohne substanzielles Grundkonzept auf einen gemeinsamen Nenner zu bringen sind, scheint fraglich zu sein.

Neben diesen Differenzen zwischen den Agrarimport- und den Agrarexportländern besteht zweitens ein Spannungsverhältnis zwischen den Industriestaaten, die am Export ihrer Industriegüter interessiert sind und gleichzeitig ihre Landwirtschaft gegen Importe abschirmen, und den Entwicklungsländern, die ihre Exportchancen im Agrarhandel sehen und ihre aufkommende Industrie gegen Konkurrenzimporte schützen. In den westlichen Industriestaaten liegen die Industriegüterzölle, wie bereits erwähnt, zwischen rund 2 und 5 Prozent, wogegen ihre Agrarzölle ein Vielfaches der Industriezölle ausmachen (Norwegen 123.7, Schweiz 51 und EU 19.5%). In den Entwicklungsländern ist es gerade umgekehrt. Die Agrarzölle sind zwar auch nicht niedrig, aber mit 20 bis 60 Prozent sind die Industriegüterzölle besonders hoch. Das Spannungsverhältnis besteht darin, dass die Industriestaaten von den Entwicklungsländern die Öffnung des Industriegütermarkts verlangen, aber selber nicht bereit (und binnenpolitisch in der Regel kaum in der Lage) sind, den Agrarmarkt zu öffnen. Umgekehrt fordern die wirtschaftlich schwachen Staaten von den Industrieländern offene Agrarmärkte, ohne ihren eigenen Industriegütermarkt öffnen zu wollen. Dazu kommt in jüngster Zeit die Forderung der Dritten Welt nach «Special Safeguard Measures» in Form von erlaubten Zollsatzerhöungen bei starken Preisschwankungen. Vor allem dieses Ansinnen, die Handelshemmnisse im Rahmen der WTO anzuheben (statt zu senken, wie dies dem Sinn und Geist der WTO entspräche) hat die Doha-Verhandlungen Ende Juli 2008 erneut zum Scheitern gebracht. In den bisherigen Verhandlungen ist es der WTO beziehungsweise den Delegierten der WTO-Mitglieder nicht gelungen, einen gangbaren Weg der Handelsliberalisierung aufzuzeigen und das bestehende Spannungsverhältnis zwischen Nord und Süd zu entschärfen.

e) Bei den Investitionen

Im Urteil der Handelsdelegierten der Uruguay-Runde sind die Verhandlungen über die ausländischen Direktinvestitionen etwas vom Frustrierendsten gewesen. Die USA traten für eine Liberalisierung der ausländischen Direktinvestitionen ein, die EU beschränkte sich auf punktuelle Lösungsvorschläge und die Entwicklungsländer stemmten sich grundsätzlich gegen eine

Öffnung der Investitionsmärkte. So entstand seinerzeit als Kompromiss unterschiedlicher Interessen und Begehrlichkeiten ein WTO-Abkommen über die handelsbezogenen Investitionsmassnahmen (TRIMS), ein Vertragswerk, das kaum über das im GATT bereits niedergelegte Inländerprinzip hinausgeht. Es war vorgesehen, die Verhandlungen in fünf Jahren nach Inkrafttreten des TRIMS fortzusetzen. Dass solche Verhandlungen stattgefunden haben, ist nicht bekannt gegeben worden. Aber in den folgenden Jahren bemühte sich die OECD um ein Investitionsabkommen (Multilateral Agreement on Investment, MAI). Nach dem Rückzug Frankreichs aus den MAI-Verhandlungen stellte die OECD im Jahr 1998 ihre Bemühungen um ein eigenständiges Investitionsabkommen ein.

An der Doha-Konferenz griffen die Minister das Investitionsthema wieder auf und beschlossen, nach der fünften Ministerkonferenz im September 2003 in Cancún erneut über die Investitionen und die Möglichkeit eines Investitionsabkommens zu verhandeln, vorausgesetzt, alle WTO-Mitglieder seien damit einverstanden («by explicit consensus»). Die Vorbereitung der Verhandlungen habe in Zusammenarbeit mit der UNCTAD zu erfolgen. Interessant ist in der Doha-Erklärung der Vorschlag, eine Lösung der Probleme analog zum GATS in Form von Positivlisten anzugehen, das heisst die vertraglichen Verpflichtungen auf die von den Ländern aufgelisteten Zugeständnisse zu beschränken. Diese Vertragsausrichtung lässt indessen befürchten, dass die Minister ihre Hoffnung auf eine liberalere Investitionsordnung bereits vor Verhandlungsbeginn aufgegeben haben.

f) Das Problem der regionalen Integration

Ein Problem, das einzelne oder gleichzeitig alle Vertragsbereiche der WTO berühren kann, ist die Integration auf regionaler Basis. Bei der Neuordnung des Welthandels in der Nachkriegszeit entstand Art. XXIV GATT im Sinne einer Ausnahme der Nichtdiskriminierung. Die damals bestehenden regionalen Integrationsräume wie das britische Commonwealth und die Freihandelsabkommen der USA mit Kuba und den Philippinen durften beibehalten werden. Eine kurzfristige Aufhebung dieser Vereinbarungen, das war das Hauptargument dieser Regelung, würde weltweit einen unerwünschten wirtschaftlichen Schock auslösen. In der Folge entwickelte sich die regionale Integration aber in eine Richtung, die von den GATT-Gründern nicht vorausgesehen worden war. Heute sind alle WTO-Mitglieder, sieht man von der Mongolei als der einzigen Ausnahme ab, Partner eines oder mehrerer Integrationsräume. Insgesamt sind der WTO über 200 Zollunionen und Zollgemeinschaften gemeldet, die den Welthandel zu schätzungsweise 60 bis 70 Prozent abdecken. In einigen wenigen Märkten erreicht dieser Anteil bis zu 90 Prozent. War das letzte halbe Jahrhundert vom Bestreben geprägt, die nationalstaatlich organisierten Märkte in eine einheitliche und multilateral freiheitliche Welthandelsordnung einzubringen, besteht heute die Gefahr, in eine Ordnung regionaler Handelsblöcke zurückzufallen. Der WTO ist es bislang nicht gelungen, die vielen unterschiedlichen regionalen Integrationsbestrebungen auf den Pfad der multilateralen Freihandelsordnung zurückzuführen, sei es über eine einheitliche Integrationsordnung, eine gegenseitige Öffnung der Markträume oder eine gemeinsame Ursprungsregelung. Mit der gegenwärtigen Untätigkeit der WTO im Bereich der regionalen Integration geht die Organisation offensichtlich das Risiko ein, bei vielen WTO-Mitgliedern das Interesse an einer multilateralen Handelsordnung auf Kosten der regionalen Handelsvereinbarungen zu verspielen.

g) Weitere Probleme

Schliesslich stehen auch in mehreren Teilbereichen der WTO Probleme an. Die öffentliche Beschaffung beispielsweise ist heute plurilateral geregelt und verpflichtet fast ausschliesslich die Industriestaaten. Es stellt sich die Frage, ob und wie die Entwicklungsländer vermehrt in den internationalen öffentlichen Beschaffungsmarkt einbezogen werden könnten. Dabei geht es nicht in erster Linie darum, die Entwicklungsländer in einen vollständig geöffneten Beschaffungsmarkt zu drängen, sondern vorerst um die Verbesserung der gegenseitigen Transparenz und Information.

Zudem haben die Minister vorgesehen, die Antidumping- und Subventionsbestimmungen, unter besonderer Rücksichtnahme der Anliegen der Entwicklungsländer, neu zu überarbeiten. Als besonders dringlich erachten die Minister die Neuregelung der Subventionen in der Fischerei.

Die Doha-Erklärung hält zudem fest, dass nach der fünften Ministerkonferenz im September 2003 unter der Voraussetzung der Zustimmung aller WTO-Mitglieder auch über die Wettbewerbsfragen und die technische Hilfe zu verhandeln sei. Im Mittelpunkt der Verhandlungen soll die Frage stehen, ob und in welchem Masse die WTO-Ordnung durch Wettbewerbsregelungen zu ergänzen wäre. Auch in diesem Bereich stehen heute Verhandlungsergebnisse noch aus.

Bei der Inkraftsetzung der heute geltenden WTO-Streitschlichtung im Jahr 1994 wurde vereinbart, bis in vier Jahren eine erste Revision des «Dispute Settlement Understanding» vorzunehmen. Die Arbeiten wurden im Jahr 1997 aufgenommen, ohne jedoch fristgerecht abgeschlossen zu werden. Die Ministerkonferenz von Doha hat nun die Frist erstreckt und ausdrücklich erklärt, die Verhandlungen über die Streitschlichtung seien nicht Teil des «single undertaking», das heisst nicht an das Gelingen der neuen Handelsrunde gebunden.

h) Das schwierige Umfeld der laufenden Verhandlungen

Die gegenwärtigen WTO-Verhandlungen finden in einem staatspolitisch, gesellschaftspolitisch und wirtschaftspolitisch schwierigen Umfeld statt. Die politischen Kräfte wichtiger Handelspartner sind seit dem 11. September 2001 auf die Bekämpfung des Terrorismus fokussiert. Die Gefahren und Risiken neuer Anschläge absorbieren die politischen Kräfte und engen dadurch den Verhandlungsspielraum im Bereich des Handels auf nationaler und internationaler Ebene ein.

Zunehmende Schwierigkeiten erwachsen der WTO in den letzten Jahren auch von der Gesellschaftspolitik her. Die Kritiker der WTO bemängeln, die Welthandelsordnung übersehe die tatsächlichen Auswirkungen des grenzüberschreitenden Handels auf das Leben und die Gesundheit der Menschen, Tiere und Pflanzen, die Arbeitsbedingungen in der Wirtschaft und den Umweltschutz. Im Umweltschutzbereich erklärten sich die Minister der WTO-Mitglieder bereit, die Zusammenarbeit mit den internationalen Umweltschutzorganisationen zu intensivieren, den Handel mit Umweltgütern und Umweltdienstleistungen von den noch geltenden Handelshemmnissen zu befreien und die gegenseitige Information zwischen den WTO-Mitgliedern zu verbessern. Der diesbezügliche Auftrag an den Ausschuss für Handel und Umwelt ist jedoch recht zurückhaltend, indem die zu erarbeitenden Vorschläge die Rechte und Pflichten der WTO-Mitglieder nicht tangieren dürften. Dass sich in der WTO im Bereich Umweltschutz zurzeit nicht viel «bewegt», belegen die jährlich vom Ausschuss Handel und Umwelt veröffentlichten Berichte «Trade and Environment at the WTO». Die Berichte beschränken sich über weite Strecken auf einen geschichtlichen Abriss der auf den Umweltschutz bezogenen WTO-Bestimmungen ohne auch nur ansatzmässig auf die anstehenden Umweltschutzprobleme einzutreten. Die gesellschaftspolitisch begründete Kritik an der WTO erfährt zudem noch eine weitere Dimension. Mit der Diskussion über die rechtliche Einbindung der organisierten Zivilgesellschaft, das heisst der NGOs in die gemeinsame Entscheidungsfindung im Rahmen der geltenden Welthandelsordnung wird zusätzlich auch die Frage der Legitimität der WTO in Frage gestellt.

Schliesslich hat sich in jüngster Zeit auch die wirtschaftspolitische Wetterlage verdüstert. Die starken Preisschwankungen auf dem Agrar- und Nahrungsmittelmarkt, die im Jahr 2008 sich verstärkende Finanzmarktkrise und der im Gefolge der Finanzkrise immer spürbarer werdende Konjunktureinbruch, alle diese Faktoren tragen dazu bei, dass sich die WTO-Mitglieder an den protektionistischen Handelsmassnahmen festklammern und nicht bereit sind, ihr Arsenal an Schutzmassnahmen auf Kosten einzelner einheimischer Interessengruppen auszuräumen. Es ist aber durchaus denkbar, dass mit einer Gesundung der Wirtschaftslage auch die Bereitschaft zu gegenseitigen Marktzugeständnissen wieder zunimmt.

Weiterführende Literatur

Benedek, Wolfgang (1990), Die Rechtsordnung des GATT aus völkerrechtlicher Sicht, Berlin u.a.

Bhagwati, Jagdish, Hrsg. (2002), Going Alone, The Case for Relaxed Reciprocity in Freeing Trade, Cambridge MA und London

Bhagwati/Hugh, Hrsg. (1993), Aggressive Unilateralism, America's 301 Trade Policy and the World Trading System, Ann Arbor

Brown, William A., Jr. (1950), The United States and the Restoration of World Trade, Washington, DC

Cottier/Oesch (2005), International Trade Regulation, Law and Policy in the WTO, the European Union and Switzerland, Bern und London

Dam, Kenneth W. (1970), The GATT, Law and International Economic Organization, Chicago und London

Diem, Andreas (1996), Freihandel und Umweltschutz in GATT und WTO, Baden-Baden

Erhard, Ludwig (1957), Wohlstand für alle, Düsseldorf

GATT (1953, 1959, 1966, 1970, 1986 und 1994a), Analytical Index, Guide to GATT Law and Practice, Genf

GATT (1994b), News of the Uruguay Round, April, Genf

GATT (monatlich), FOCUS, Newsletter, Genf

GATT (jährlich), Basic Instruments and Selected Documents, BISD, Genf

Gurbaxani, Indira (2000), Industriepolitik in den Vereinigten Staaten, Baden-Baden

Hilf/Oeter (2005), WTO-Recht, Rechtsordnung des Welthandels, Baden-Baden

Irwin, Douglas A. (2002), Free Trade under Fire, Princeton NJ

Jackson, John H. (1969), World Trade and the Law of GATT, Indianapolis u.a.

Kock, Karin (1969), International Trade Policy and the GATT 1947–1967, Stockholm

Koehler, Matthias (1999), Das Allgemeine Übereinkommen über den Handel mit Dienstleistungen (GATS), Schriften zum Internationalen Recht, Bd. 106, Berlin

Makatsch, Tilman (2004), Gesundheitsschutz im Recht der Welthandelsorganisation (WTO), Berlin

Medick-Krakau, Monika (1995), Amerikanische Aussenhandelspolitik im Wandel, Berlin

Petersmann, Ernst-Ulrich (2000), From ‚Negativ' to ‚Positive' Integration in the WTO: Time for ‚Mainstreaming Human Rights' into WTO Law?, in: Common Market Law Review 37, S. 1363–1382

Sautter, Herman (2004), Weltwirtschaftsordnung, München

Schick, Kai-Guido (2004), Das Abkommen über technische Handelshemmnisse im Recht der WTO, Bamberg

Senti, Richard (2000), WTO, System und Funktionsweise der Welthandelsordnung, Zürich und Wien

Senti, Richard (2005), Argumente für und wider die Reziprozität in der WTO – Die Reziprozität als merkantilistisches Erbe in der geltenden Welthandelsordnung, in: ORDO, Jahrbuch für die Ordnung von Wirtschaft und Gesellschaft, Bd. 57, S. 315–339

Senti, Richard (2006), Die WTO im Spannungsfeld zwischen Handel, Gesundheit, Arbeit und Umwelt, Geltende Ordnung und Reformvorschläge, Baden-Baden

Senti/Mahncke (2008), A Guide to the World Trade Organisation, Hongkong und Singapur

Stoll/Schorkopf (2002), WTO – Welthandelsordnung und Welthandelsrecht, Köln u.a.

USDA (2004), Agricultural Trade Preferences and the Developing Countries, Washington DC

Wilcox, Clair (1949), A Charter for World Trade, New York

WTO (2001), Market Access: Unfinished Business, Post-Uruguay Round Inventory and Issues, Special Study, Nr. 6, Genf

WTO (2007), Analytical Index, Guide to WTO Law and Practices, 2. A., Genf

WTO-Vertragstexte: BBl 1994 IV 435 – 1215 (deutsche Fassung); Benedek, Wolfgang (1998), Die Welthandelsorganisation (WTO), Beck'sche Textausgaben, München (deutsche Fassung); Hummer/Weiss (1997), Vom

GATT '47 zur WTO '94, Baden-Baden u.a. (deutsche Fassung); Titje, Christian (2005), Welthandelsorganisation, 3.A., Beck-Texte im dtv, München; WTO (1995), The Results of the Uruguay-Round of Multilateral Trade Negotiations, The Legal Texts, Genf (englische Fassung)

WTO-Alphabetic directory of the WTO, auf Web page: <http://www.wto.org/english/info_e/site_e.htm>

Schlagwortverzeichnis

A

B

C

D

E

F

G

H

I

K

L

M

N

O

P

R

Z